100 km
N
Plauen
Coburg
9
Kronach
Vierzehn-
heiligen
Bamberg
Bayreuth
Pommers-
felden
nfurt
TSCHECHIEN
Nürnberg
Regensburg
Deggendorf
Museumsdorf
Bayerischer Wald
Schrottenbaummühle
Ingolstadt
Eging
am See
12
Passau
Augsburg
MÜNCHEN
Wasserburg
Ammer-
see
15
Seebruck
Rosenheim
Prien
Chiemsee
Starnberger
See
Tegernsee
Aschau
im Chiemgau
Etten-
hausen
Berchtes-
gaden
Königssee
Füssen
ÖSTERREICH

Camperglück

DEUTSCHLANDS SÜDEN

Hobby

Thomas Cernak

Camperglück

DEUTSCHLANDS SÜDEN

Unterwegs auf Traumrouten zwischen Mosel und Alpen

BRUCKMANN

INHALT

Camperglück
UNSERE TOP 15 IN SÜDDEUTSCHLAND

No net hudla! Auf Schleichwegen durch Oberschwaben

Bezaubernder Neckarblick
vom Blauen Turm in Bad Wimpfen

Camperglück

UNSERE TOP 15 IN SÜDDEUTSCHLAND

Ein Füllhorn voller Schätze

Sie gehören alle zu einer großen Familie, obwohl sie sich in der Regel noch nie gesehen haben. Sie kommen aus allen möglichen Ländern und Regionen, haben im Alltag die unterschiedlichsten Interessen, aber eine gemeinsame Leidenschaft: mit dem Wohnmobil auf Reisen zu gehen. Für die zahlreichen Anhänger dieser immer beliebter werdenden Urlaubsform bieten die Landschaften in Deutschlands Süden außergewöhnlich vielseitige Möglichkeiten.

Biergarten am »Bayerischen Meer«

Ob in verschwiegenen Schwarzwaldtälern oder auf sanften Höhen des Odenwaldes, ob an Flüssen wie Main, Mosel, Nahe und Neckar, ob an großen Badegewässern wie dem Bostalsee im Saarland oder dem Chiemsee in Oberbayern, ob in den Genussregionen Churfranken oder Hohenlohe, ob in den zahllosen Wandergegenden und Radfahrerparadiesen – die Auswahl in Süddeutschland ist fast unüberschaubar und die Abwechslung riesig. Aus den unterschiedlichsten Zutaten entsteht ein schmackhaftes Freizeitmenü: legere Lebensart und lockerere Atmosphäre auf Camping- und Wohnmobilstellplätzen in herrlichen Naturlandschaften, Aktivangebote wie Schwimmen, Surfen, Kajakfahren, Reiten, Golfen oder Wandern, Spaß für Paare und Familien und immer wieder neue Nachbarn und nette Bekanntschaften. Über 3000, von einfach bis luxuriös ausgestattete Übernachtungsmöglichkeiten zwischen Mosel und Chiemgau garantieren, dass für jeden Geschmack und Geldbeutel das richtige Angebot dabei ist. Ihre Dichte ist an den Flüssen und in den Mittelgebirgen am

Schattiges Plätzchen am Neckarufer

höchsten. Doch auch da, wo die Anlagen seltener sind, liegen sie gleichmäßig verteilt.

Wohnmobilstellplätze stellen keine Konkurrenz für Campingplätze dar, sondern sie sind eine zusätzliche Offerte, wenn lediglich ein Stadtbummel geplant ist und es womöglich bei einem Gläschen Trollinger abends etwas später wird. Dies haben auch viele Campingplatzbetreiber erkannt, die ausgewiesene Übernachtungsplätze vor der Schranke oder in der Nähe des Geländes anbieten. Camper schätzen Baden-Württemberg oder Bayern auch wegen der guten Qualität der Campingplätze, deren Preis-Leistungs-Verhältnis im europäischen Vergleich ausgezeichnet ist.

»Der Frühnebel über dem Fluss löst sich rasch auf, wie so oft in diesen sonnigen und warmen Spätsommertagen. Wir rasten am Ufer, sitzen gemütlich unter Bäumen vor dem Reisemobil. Für Abkühlung sorgt eine auffrischende Brise, die an den grünen Hängen entlang übers Wasser streicht. Gut ausgeruht geht es weiter. Dichte Wälder und tief eingeschnittene Täler prägen die Landschaft« – so oder so ähnlich könnte ein Eintrag ins Reisetagebuch beginnen, der zu vielen Regionen in Süddeutschland passen würde. Darunter das Nahetal, wo Geschichte und Natur Hand in Hand gehen. Die Südpfalz verzaubert mit ihrem mediterranem Klima, ihren lieblichen Weinbergen und einer sagenhaften Felsenlandschaft. Der Odenwald hütet bis heute manches Geheimnis, während das Neckartal seine Gäste mit romantischen Burgen und verträumten Städtchen empfängt. Viele Märchen hat der waldreiche Spessart hervorgebracht. Das Neckartal, von Heidelberg bis zur Burg Gutenberg, ist ein Gemälde, das zum Leben erwacht. Die romantische Flusslandschaft, gesäumt von historischen Städten und majestätischen

Fachwerk-Perlen in Schiltach im Kinzigtal

Ruinen, ist ein Fest für die Augen und die Seele. Der Kraichgau überrascht mit seiner sanften Schönheit. Hohenlohe, das Land der Burgen und Schlösser, wo die Zeit langsamer zu ticken scheint, begeistert Wohnmobilfahrer ebenso wie das wenig bekannte Ilztal im Bayerischen Wald mit noch weitgehend unberührter Natur. Der Schwarzwald mit seinen tiefen Wäldern und alten Handwerkstraditionen ist ein weiteres Paradies, das zu entdecken sich lohnt. Die Schwäbische Alb und der Chiemgau glänzen mit ihren einzigartigen Naturschönheiten und kulturellen Schätzen.

Jede Tour in diesem Buch ist ein neues mögliches Kapitel in Ihrem persönlichen Abenteuerbuch. Das Abenteuer beginnt womöglich an der Bergstraße, wo die Reben in der Sonne glänzen und die Burgen und Schlösser den Reisenden Geschichten aus längst vergangenen Zeiten zuflüstern. Dieser Landstrich, wo der Frühling zuerst grüßt, inspiriert seit Jahrhunderten Dichter und Denker. Die dort querende Nibelungenstraße entführt in die Welt der Sagen und Legenden. Oberfranken verzaubert mit majestätischer Schönheit. Jede Kurve zwischen Bamberg und Bayreuth offenbart eine neue Überraschung. Die Schwäbische Alb, eine urtümliche Landschaft voller geologischer Wunder und kultureller Schätze, reicht von den Wasserfällen in Bad Urach über Schloss Lichtenstein (Coverfoto) und die imposante Burg Hohenzollern in Sigmaringen bis hinüber nach Oberschwaben mit seinen Barockschätzen und Thermalquellen. Wangen im Allgäu verführt mit seiner historischen Altstadt und seinem reichen Erbe. Und schließlich erwartet Sie der Chiemgau, ein Eldorado für Naturliebhaber und Bergsteiger. Zwischen Wasserburg und Schleching entfaltet sich eine Landschaft, die ihresgleichen sucht. Der Chiemsee, auch das bayerische Meer genannt, lädt zum Verweilen und Träumen ein.

Fast immer und überall ist die reiche Geschichte präsent, daher im Folgenden ein kurzer geschichtlicher Abriss: Von etwa 800 vor Christus bis zum ersten Jahrhundert nach Christus war Süddeutschland ein Teil des keltischen Kulturraums, was durch archäologische Funde wie die Heuneburg auf der Schwäbischen Alb belegt ist. Unter römischer Herrschaft wurden große Gebiete ins römische Reich integriert. Städte wie Trier (Augusta Treverorum) wurden gegründet. Im Frühmittelalter (5. Jh.–10. Jh.) nach dem Zusammenbruch des Weströmischen Reiches kamen verschiedene germanische Stämme in die Region, darunter die Alemannen und Bayern. Es bildeten sich die ersten Herzogtümer. Das Hochmittelalter war geprägt von der Feudalstruktur des Heiligen Römischen Reiches. Es entstanden zahlreiche Klöster, Burgen und Städte. Im Spätmittelalter und in der Renaissance blühten Handel und Handwerk. Die Reformation führte zu religiösen Konflikten, die im Dreißigjährigen Krieg gipfelten und Süddeutschland schwer verwüsteten. Nach dem Ende des Heiligen Römischen Reiches 1806 formierten sich unter Napoleon Bonaparte neue politische Strukturen. Nach den Befreiungskriegen und dem Wiener Kongress von 1814/15 entstanden die Staaten Bayern und Baden. Baden-Württemberg entstand erst 1952 durch den Zusammenschluss der Länder Württemberg-Baden, Württemberg-Hohenzollern und Baden. Das heutige Bundesland Bayern knüpft an die Tradition des Königreichs Bayern an, das 1806 gegründet wurde. Rheinland-Pfalz wurde am 30. August 1946 als letztes der Länder in den westlichen Besatzungszonen von der französischen Militärregierung gegründet. Es vereinte Teile der preußischen Rheinprovinz mit Teilen von Hessen und der Pfalz.

Dieser Wohnmobilführer ist ein Schlüssel zu den verborgenen Winkeln in Süddeutschland. Er ist eine Einladung, sich zu verlieben – in die Orte, die Menschen und die unvergesslichen Momente, die den Weg säumen. Lassen Sie sich von den Schönheiten dieser Region verzaubern und schreiben Sie Ihr eigenes spannendes Kapitel in Ihrem Reisetagebuch. Dieses Tourenbuch ist ein Tippgeber zu den verborgenen Juwelen Süddeutschlands, ein Kompass zu Entdeckungen. Er ist kein alles umfassender Reiseführer. Es ist bestimmt kein Zufall, dass ein Großteil der Wohnmobilhersteller ihre Produktionen in Oberschwaben und dem Allgäu angesiedelt haben. Camping in Süddeutschland ist immer ein Erlebnis – egal ob auf einer ausgewiesenen Uferwiese oder im 5-Sterne-Camp, dass keinerlei Wünsche offenlässt. Starten Sie den Motor und lassen Sie sich von Süddeutschland verzaubern!

»MS Edeltraud« auf dem Chiemsee

Bei Wanderungen im Chiemgau wird man mit einem herrlichen Blick auf den Chiemsee belohnt.

Untermosel und Mittelmosel

Ans Ruder!

Römer-Fans buchen eine Fahrt auf dem rekonstruierten Weinschiff »Stella Noviomagi«.

TOURENLÄNGE
188 Kilometer

START UND ZIEL
Von Koblenz nach Trier

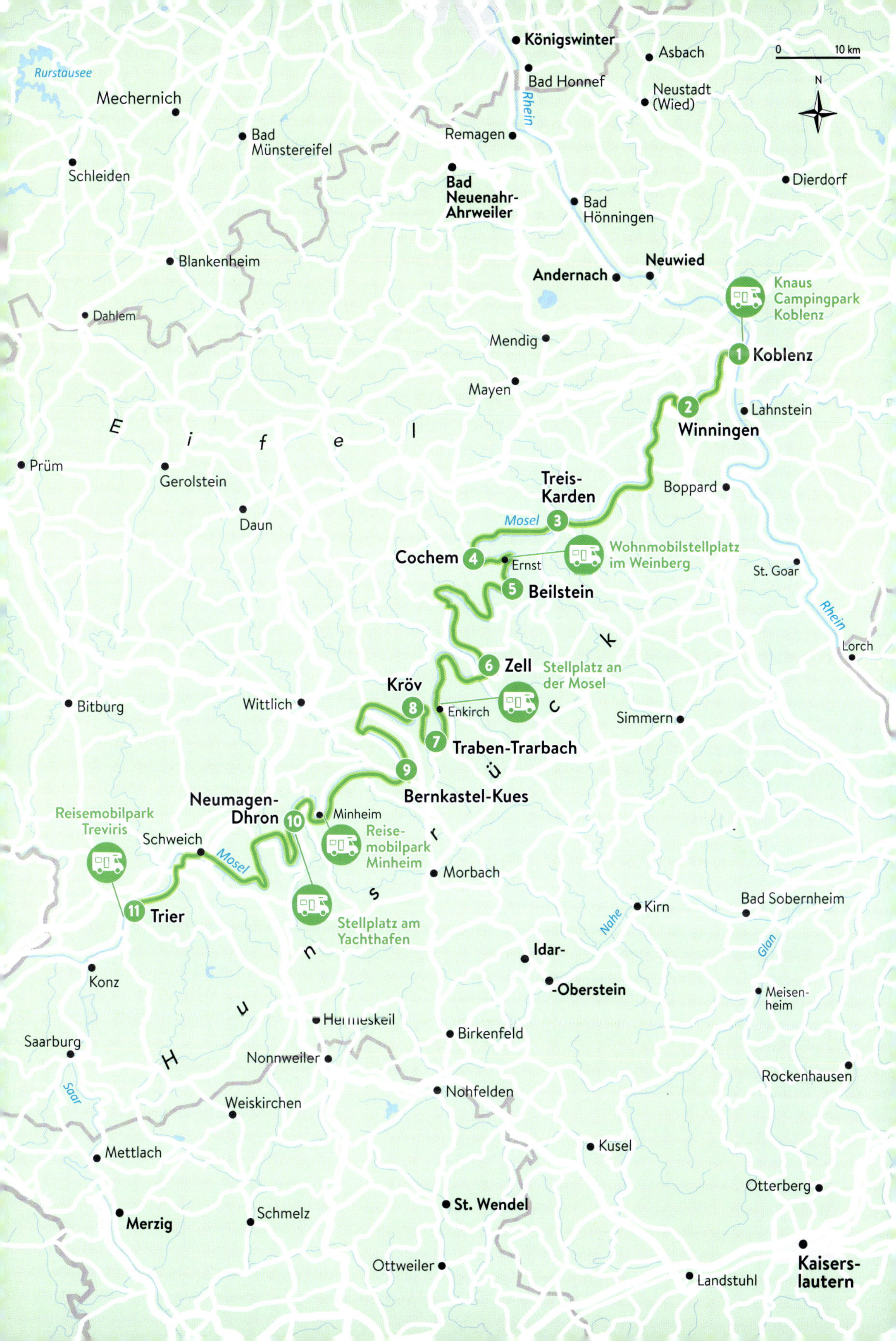

Königswinter
Asbach
Rurstausee
Bad Honnef
Mechernich
Neustadt (Wied)
Rhein
Bad Münstereifel
Remagen
Schleiden
Dierdorf
Bad Neuenahr-Ahrweiler
Bad Hönningen
Blankenheim
Neuwied
Andernach
Knaus Campingpark Koblenz
Dahlem
Mendig
1 Koblenz
Mayen
2 Winningen
Lahnstein
E i f e l
Prüm
Gerolstein
Treis-Karden
Boppard
Daun
Mosel
3
Cochem 4
Ernst
Wohnmobilstellplatz im Weinberg
St. Goar
5 Beilstein
Rhein
Lorch
6 Zell
Stellplatz an der Mosel
Kröv
8
Bitburg
Wittlich
Enkirch
Simmern
7 Traben-Trarbach
9
Bernkastel-Kues
Neumagen-Dhron 10
Minheim
Reisemobilpark Treviris
Schweich
Reisemobilpark Minheim
Mosel
Morbach
H u n s r ü c k
11 Trier
Stellplatz am Yachthafen
Kirn
Nahe
Bad Sobernheim
Glan
Idar-Oberstein
Konz
Meisenheim
Hermeskeil
Birkenfeld
Saarburg
Nonnweiler
Rockenhausen
Saar
Nohfelden
Weiskirchen
Kusel
Mettlach
Otterberg
St. Wendel
Merzig
Schmelz
Kaiserslautern
Ottweiler
Landstuhl
0 10 km
N

1

Land des Weines, Land der Burgen

Wie Perlen an einer Schnur

Lust, die Wanderstiefel zu schnüren? Dann nichts wie auf ins Moseltal zwischen Koblenz und Trier mit seinen traditionsreichen Weingütern und weltberühmten Steillagen, mit stolzen Burgen, Ruinen und Römermonumenten, mit malerischen Fachwerkstädten und -dörfern und mit Traumausblicken auf die sich dahinschlängelnde, grünblau schimmernde Mosel.

Tag 1

HEXENWAHN UND DORFIDYLLE

Wir beginnen unsere Tour am Wohnmobilstellplatz vor dem Knaus Campingpark in **Koblenz** 1 mit direktem Blick auf das Deutsche Eck, wo die Mosel in den Rhein mündet und wo das monumentale Reiterstandbild von Wilhelm Friedrich Ludwig von Preußen, dem ersten deutschen Kaiser, steht. Eine Fähre bringt die Campinggäste in den Sommermonaten in wenigen

Burg Thurant hoch über Alken

Tag 1	Tag 2			Tag 3		
1	2	3	4	5	6	7
Koblenz	Winningen	Treis-Karden	Cochem	Beilstein	Zell	Traben-Trabach
Km 0	Km 11	Km 41	Km 53	Km 63	Km 81	Km 99

Ausgangspunkt ist Koblenz.

Minuten zu diesem bekannten Wahrzeichen der Stadt. Vom Konrad-Adenauer-Ufer nebenan besteht anschließend die Möglichkeit, per Seilbahn im Minutentakt ebenso schnell zur Festung Ehrenbreitstein zu gelangen, die über dem rechtsrheinischen Ufer wacht. Dort laden vier große Ausstellungshäuser zu spannenden Entdeckungsreisen ein, etwa mit spektakulären Funden aus der frühen Menschheitsgeschichte. Allein die Auffahrt in einer der Glasgondeln über die Dächer hinweg stellt ein unvergessliches Erlebnis dar.

LEINEN LOS

Mit dem Schiff das UNESCO-Welterbe Oberes Mittelrheintal zu erleben, ist einer der Höhepunkte, den Koblenz für seine Gäste bereithält – malerische Burgen an den Hängen von Rhein und Mosel gleiten dabei an einem vorbei. Es gibt mehrere Schifffahrtsanbieter.

Koblenz, die charmante Stadt an Rhein und Mosel, hat eine reiche Geschichte. Seit über 2000 Jahren ist sie ein wichtiger Handels- und Verkehrsknotenpunkt. Als Gründer gelten die Römer, später im Mittelalter war sie ein wichtiger strategischer Ort. Heute ist die

Tag 4		Tag 5	Tag 6
8	9	10	11
Kröv	Bernkastel-Kues	Neumagen-Dhron	Trier
Km 104	Km 129	Km 153	Km 188

Stadt für ihren schönen Kern mit einer Reihe von historischen Gebäuden bekannt, wie z. B. die Vier Türme, ein Häuser-Ensemble mit prächtig verzierten Erkern. Ein Ringticket bietet die Gelegenheit, die Stadt mit Seilbahn, Schrägaufzug und Fähre vergünstigt zu entdecken. Die Ufer der Flüsse laden die Besucher zu entspannten Spaziergängen ein.

Wanderweg im Elzbachtal

Tag 2

NATÜRLICHER WÄRMESPEICHER

Südwestlich davon erstreckt sich das Tal der Untermosel, auch Terrassenmosel genannt. Steile Hänge kennzeichnen die Region zwischen Koblenz und Zell. Die Wasseroberfläche wirkt wie ein natürlicher Spiegel, der die Sonnenstrahlen reflektiert. Das vorherrschende Schiefergestein in den Weinbergen speichert die Wärme, wodurch ein fast mediterranes Klima entsteht. Seltene Tierarten, darunter der Apollofalter und die Smaragdeidechse, finden hier einen Lebensraum. Nach wenigen Kilometern erreichen wir **Winningen** 2, ein Goldmedaillen-prämiertes Dorf mit fachwerkbunten Häusern und idyllischen Gassen. Die Winninger wählen jährlich im Spätsommer nicht nur eine neue Weinkönigin, sondern auch eine Weinhex. Diese war einer Erzählung nach die Gattin des Pfeifenhannes, den man so nannte, weil er gern Flöte spielte. In seinem Keller lagerte manch edler Tropfen. Eines Tages musste der Mann entsetzt feststellen, dass etliche Liter seines Lieblingsweins fehlten, woraufhin er sich in der Nacht auf die Lauer legte und seine Frau als Diebin entlarven konnte. Die schöne Geschichte hat einen traurigen Hintergrund: In vielen Moseldörfern fanden bis ins 17. Jahrhundert hinein Hexenverfolgungen statt. Ein Denkmal an einer ehemaligen Richtstätte auf dem Winninger Hexenpfad erinnert an diese schreckliche Zeit.

REGIERT VON ZWEI BURGHERREN

Im Dorfmuseum erfahren wir, dass August Horch, der Gründer der Audi Automobile GmbH, 1868 in Winningen geboren wurde und aufwuchs. Vorbei an blühenden Lavendelfeldern in ehemaligen Weinlagen führt uns danach der Weg hinauf zur Burg Thurant. Wer möchte, kann diese auf dem Wanderweg Bleidenberger Ausblicke1 zwischen Oberfell und Alken erklimmen – steil geht's auch wieder hinab. Um 1200 ließ Pfalzgraf Heinrich oberhalb des kleinen Ortes Alken eine erste Burg errichten – zum Missfallen der Trierer und Kölner Erzbischöfe,

Imposante Burg Eltz mit ihren Wohntürmen

Cochem, bewacht von der Reichsburg

die sie zwei Jahre lang belagerten, ehe ihre Soldaten sie einnehmen konnten. Ein Zeichen ihrer Doppelherrschaft sind die beiden Bergfriede und die durch eine Mauer voneinander getrennten Wohnbereiche. Bis vor ungefähr 700 000 Jahren lebten auf dem Bleidenberg Waldelefanten. Eine Skulpturengruppe am Wanderweg lässt in diese Zeit blicken: Sie zeigt ein sechs Meter hohes Tier, das sich einem Steinzeitmenschen und dessen Lager nähert. Es geht weiter flussaufwärts zur Burg Eltz, mitten im Wald im Elzbachtal in der Nähe der Moselgemeinde **Treis-Karden** 3. Das Wohnmobil parkt gebührenpflichtig auf dem Stellplatz Müdener Berg. Man erreicht die Bilderbuchburg, deren Abbild früher die Rückseite des 500-DM-Scheins zierte, auf einem Waldweg nach 1,7 Kilometern. Das gewaltige, um 1100 errichtete Bauwerk krönt einen Felssporn und besitzt drei Wohntürme, da seit Mitte des 13. Jahrhunderts drei gleichzeitig Erbberechtigte auf ihr lebten. Besonders sehenswert ist die Rüst- und Schatzkammer. Sie zeigt u. a. kleine Figuren, darunter sehr skurrile, wie etwa einen

Dukatenscheißer oder eine Darstellung mit dem sperrigen Namen »Völlerei – von der Trunksucht befördert«. Burg Eltz wurde nie zerstört, weshalb sie sich fast in ihrer Originalansicht präsentiert. Man kann sie auch auf einer Wanderung erreichen, die in Treis-Karden an der Pfarrkirche Sankt Castor beginnt. Deren Gründung lässt sich bis ins 4. Jahrhundert zurückverfolgen, was sie zu einer der bedeutendsten Sakralbauten an der Mosel macht.

GEHEIMER NOTGROSCHEN

Eine weitere imposante Burg ist die Reichsburg, die mehr als 100 Meter über dem Fluss und den Dächern von **Cochem** 4 thront. Nachdem französische Truppen 1689 ihren Vorgängerbau (11. Jh.) und die Stadt niedergebrannt hatten, erhielt sie im 19. Jahrhundert ihr heutiges Aussehen im neugotischen Stil. Nach der Burgbesichtigung schlendern wir durch die belebten Gassen der Altstadt und über den Marktplatz mit seinen pittoresken Fachwerk-Ensembles.

Cochem beheimatet zudem zwei bemerkenswerte Museen, zum einen das Edelsteinmuseum und zum anderen das Bundesbank-Bunker-Museum. Unter Letzterem lagerte einst in einem unterirdischen Bunker eine Geldreserve im Wert von 15 Milliarden Deutsche Mark, die in Zeiten des Kalten Kriegs angelegt wurde. Am Haus selbst finden wir keine Parkmöglichkeit für das Wohnmobil und stellen es daher in der einen Kilometer entfernten Stadionstraße ab. Das Edelsteinmuseum zeigt neben besonders schönen Edelsteinfunden wie mühevoll einst die Arbeit der Edelsteinschleifer war.

Tag 3

WACKELIGE ANGELEGENHEIT

In Bruttig-Fankel machen wir einen Abstecher zur Geierlay-Hängebrücke. Diese 360 Meter lange Fußgängerseilbrücke in nepalesischer Bauart überspannt in 100 Metern Höhe das Tal des Mörsdorfer Bachs. Nicht wenige Besucher verlässt beim Anblick der schwankenden Konstruktion der Mut, und sie kehren um. Diejenigen, die sich auf die Brücke wagen, genießen einen wunderbaren Ausblick über die Landschaft. Auf dem Parkplatz P 2 sind im Übrigen Plätze für Wohnmobile ausgewiesen.

Steillagen von Weltruf

Beilstein 5 indes entpuppt sich als einer der romantischsten Orte am Fluss. Im Herzen des 130-Seelen-Dorfs verläuft eine Treppe mit 108 Stufen, die schon häufig als Filmkulisse diente. Etliche Schauspielgrößen, darunter Heinz Rühmann, Curd Jürgens und Maria Schell, schritten über ihre Stufen hinauf und hinab.

STEIN- UND REBENREICH

Von Beilstein aus gelangen wir über einen schönen Wanderweg nach Briedern. Dabei geht es an der malerischen Ruine Burg Metternich vorbei: Die Höhenburg aus dem 13. Jahrhundert wurde 1689 im Pfälzer Erbfolgekrieg zerstört und nicht wieder aufgebaut. Besichtigen kann man ihre Überreste von April bis Anfang November, im Sommer gibt es eine Bewirtschaftung. Großartige Aussichten ins Moseltal verspricht im Anschluss der Wanderweg Briedener Schweiz. Der Kulturweg Mesenicher Steinreichskäpp zeigt dagegen, was man mit Steinen alles anstellen kann, wie z. B. Sagengestalten aus der Region wieder aufleben lassen. Und der Seeheimer Skulpturenweg präsentiert Werke von Künstlern, die das Thema Mosel widerspiegeln. Alpine Gefühle kommen auf, wenn der Blick auf den Bremmer Calmont fällt, den steilsten Weinberg in Europa mit bis zu

Merl in einem Meer aus Reben

70 Prozent Neigung. Zu seinen Füßen windet sich der Fluss in einer perfekt geformten Schleife durch das bergige, von Reben bewachsene Land. Vier Millionen Rebstöcke zählt man rund um **Zell** 6. Die gut frequentierte Fußgängerzone der Stadt säumen bunte Läden, unzählige Cafés und Weinstuben. Eine schwarze Katze, die 1863 angeblich den Käufer eines Weinfasses anfauchte und ansprang, um es zu verteidigen, machte den Ort berühmt: Der Hang, wo die Trauben dieses Weins heranreiften, erhielt daraufhin den Namen »Zeller Schwarze Katz«. Der Collie-Steilpfad, streckenweise ein seilversicherter Kletterpfad, führt durch ihn hindurch und hinauf zum Collie-Turm, der eine fantastische Aussicht bietet. Gute Schuhe sind hierbei Pflicht, auch wenn man die steilsten Abschnitte umgehen kann!

DING, DING, DONG

Die Moselbrücke, die die beiden Stadtteile von **Traben-Trabach** 7 miteinander verbindet, schmückt am linken Ufer auf Trabacher Seite ein opulent gestaltetes Brückentor im Jugendstil. Über dem Torbogen prangt ein Relief, das ein tanzendes junges Winzerpaar zeigt. Diese Darstellung und die Zierbögen an der Fassade zeugen von der Blütezeit der Weinbaumetropole um 1900. Man erreicht die quirlige Altstadt, indem man vom Brückentor der Brückenstraße in Richtung Westen folgt. Über den Dächern im Zentrum ragt knapp der Weiße Turm auf, an dessen Außenmauer man ein Glockenspiel entdeckt – dessen 28 Bronzeglocken erklingen um 12 Uhr mittags und von 15 bis 18 Uhr jeweils zur vollen Stunde. Eine kreisrunde Treppe im Inneren führt zu einer Aussichtsplattform unter dem Spitzdach. Von der Ruine der von Vauban gebauten Festung Mont Royal – sie war einst die größte in Europa – schweift der Blick auf den mäandernden Fluss und zu den Überresten der Grevenburg in Trabach, einer Vorfeste. Kaum war Mont Royal im Jahr 1698 fertiggestellt, wurde die Anlage geschleift, da der Friedensvertrag des 1697 beendeten Pfälzischen Erbfolgekriegs dies bestimmt hatte. Doch andere Auseinandersetzungen folgten, wobei auch die Grevenburg zuerst beschädigt und schließlich 1734 von den Franzosen gesprengt wurde.

Tag 4

NACKT UND POPULÄR

Kröv 8 ist ein beschauliches Weindorf mit rustikalem Ambiente, ein paar Cafés, Gastwirtschaften und einer freundlichen Moselpromenade. Eine gewisse Bekanntheit besitzt Kröv wegen seiner Weinlage mit dem despektierlichen Namen »Kröver Nacktarsch« – hier wachsen die Rebsorten Müller-Thurgau, Riesling und Spätburgunder. Darüber verläuft ein informativer Themenwanderweg, der die Bedeutung des Natursteins Schiefer für die Region Mittelmosel hervorhebt. Die Besucher erfahren auf zahlreichen Tafeln alles Wissenswerte zu dessen Entstehung, Verarbeitung und Verwendung, wie etwa im Hausbau, sowie Wichtiges über den schon erwähnten Einfluss des Naturgesteins auf das Mikroklima. Im weiteren Verlauf passiert der Weg die Lagen Letterlay und Steffensberg mit tollen Aussichtspunkten.Das sofort ins Auge fallende Gebäude des Weinguts Mönchhof in Ürzig mit seiner reizenden Renaissancefassade diente von 1987 bis 1993 als Kulisse in der populären Fernsehserie »Moselbrück«. In den alten Weingärten wie dem Ürziger Würzgarten wachsen noch wurzelechte Rebstöcke, was heute im Weinbau sehr selten ist: Die Stöcke wurden hier nie mit reblausresistenten Reben aufgepfropft. Vielen schmecken diese Weine, anderen nicht. Hinzu kommt der Schieferboden in Ürzig, der Vulkangestein enthält, was dem Wein eine weitere Geschmacksnuance schenkt.

Per Schiff die Mosel erleben

PRÄCHTIGE POSTKARTENMOTIVE

Nach weiteren zehn Kilometern erreichen wir **Bernkastel-Kues** 9 (7200 Einwohner), einen viel besuchten Weinort im Herzen der Mittelmosel und ausgezeichnet mit dem Prädikat »Heilklimatischer Kurort«. Die Stadt ist u. a. berühmt für ihre schönen Fachwerkhäuser, das filigrane Gitter am Marktbrunnen und die kunstvoll geschmiedeten Wetterhähne auf den Dachgiebeln. Über ihr erhebt sich malerisch die Burgruine Landshut. Einer Schriftquelle nach soll es an ihrer Stelle bereits um das Jahr 1000 eine Burg Bernkastel gegeben haben. Neue Grabungsfunde deuten auf eine noch frühere Bebauung im 5. oder 6. Jahrhundert hin, und zwar auf den Fundamenten eines Römerkastells. Die Burg beherbergt heute ein Restaurant, wo man sehr gut speisen und dabei einen fantastischen Ausblick über Stadt und Tal genießen kann. Unser Wohnmobil parkt auf einer Ebene ein Stück oberhalb davon.

Zu den Höhepunkten des Weinfests der Stadt – es findet jährlich am ersten Wochenende im September statt – gehören u. a. der Empfang der Weinkönigin Mosella, Live-Musik, ein Festumzug und ein Riesenfeuerwerk. Das Fest dauert fünf Tage und zählt rund 200 000 Besucher. Gegenüber dem Wohnmobilstellplatz im Stadtteil Kues befindet sich das Geburtshaus von Nikolaus von Kues (1401–1464); der Kardinal und Philosoph trat für religiöse Toleranz ein. Das Gebäude wurde 1570 im Renaissancestil mit Walmdach, Zinnenkranz und Treppenturm umgebaut. Ein darin eingerichtetes Museum würdigt das Leben und Werk des großen Humanisten am Übergang vom Mittelalter zur Neuzeit.

Tag 5

ZEITREISE IN DIE ANTIKE

Von Bernkastel-Kues bis nach Trier folgt unsere Tour wiederum dem windungsreichen Lauf der Mosel – vorbei an steilen Weinbergen und durch idyllische Dörfer wie Kesten, Piesport und **Neumagen-Dhron** 10,

Stellplatz in Kues mit
Blick auf die Burgruine

den ältesten Weinort Deutschlands, wo der Weinanbau bis zu den Römern zurückreicht. Wer mehr darüber wissen möchte, bucht am besten eine Ausflugsfahrt mit geschulten Gästeführern auf der »Stella Noviomagi«, einem Nachbau eines Schiffes aus dieser frühen Zeit. Die Termine für Einzelgäste ab Neumagen-Dhron sind: von April bis Oktober samstags um 15.30 Uhr und sonntags um 10 Uhr sowie zusätzlich zwischen Ende Juni und Ende September jeden Mittwoch um 14 Uhr. Reservierungen sind dringend empfohlen (neumagen-dhron.de/weinschiff-stella-noviomagi).

Tag 6

KAISER UND KIRCHEN

Trier ⓫, gegründet von Kaiser Augustus im Jahr 16 v. Chr., gilt als die älteste Stadt in Deutschland. Sie besitzt die eindrucksvollsten römischen Bauwerke nördlich der Alpen. In ihr residierten Diocletian, Konstantin der Große und andere römische Kaiser. Karl der Große machte Trier im 9. Jahrhundert zum Bischofssitz. Vom 12. bis zum 18. Jahrhundert regierten hier die Kurfürsten. Die berühmte Porta Nigra (2.Jh.) war ein römisches Festungstor. Das ohne Mörtel errichtete, 36 Meter breite und 30 Meter hohe Bauwerk wurde 1040 zu einer Kirche umgebaut – später aber wurde unter Napoleon sein Originalzustand wiederhergestellt. Ihren Namen verdankt die Porta Nigra der dunklen Patina, die sich auf den Kalksteinblöcken gebildet hat. Weitere sehenswerte römische Bauten sind u. a. die Aula Palatina, eine Basilika aus dem 4. Jahrhundert, gebaut als Krönungssaal für Konstantin den Großen, und die Kaiserthermen, die nie fertiggestellt wurden, sowie die Römerbrücke und das Amphitheater, in dem sich einst bis zu 25 000 Zuschauer an den blutigen Gladiatorenkämpfen und Schauspielen ergötzten.

Die Grundmauern des Doms (11.–12. Jh.) im romanischen Stil stammen aus den Anfangsjahren des Christentums im 4. Jahrhundert. Neben dem Dom steht die Liebfrauenkirche – sie gilt zusammen mit der Elisabethkirche in Marburg als das älteste gotische Gotteshaus in Deutschland. Von der Kirche gelangen wir schnell zum Hauptmarkt, einem beeindruckenden Marktplatz mit Gebäuden aus Gotik, Renaissance und Rokoko – quasi einem lebendigen Lehrbuch der Kunstgeschichte – und gleichzeitig einem stimmungsvollen Treffpunkt am Abend, wenn die historischen Giebelhäuser im Lichterglanz erstrahlen. Mit ein paar Schritten ist dann die Brückenstraße erreicht mit dem Haus, in den 1818 Karl Marx geboren wurde, einer der bekanntesten Denker der Neuzeit; heute ist hier ein Museum untergebracht, viel besucht von Gästen aus aller Welt.

Spaziergang durch Cochem

Guter Schlafplatz in Enkirch

Camping- und Stellplätze

Knaus Campingpark Koblenz
Schartwiesenweg 6, 56070 Koblenz,
Tel. 0261/82719, knauscamp.de
GPS: 50.36603, 7.60367
Camping- und Stellplatz an Rhein und Mosel

Wohnmobilstellplatz im Weinberg
Weingartenstraße 106, 56814 Ernst,
Tel. 02671/7561, weintreff-ernst.de
GPS: 50.14266, 7.23285
53 Plätze auf Schotter an einem Weingut

Stellplatz an der Mosel
Brunnenplatz 2, 56850 Enkirch,
Tel. 06541/9265, enkirch.de
GPS: 49.984176, 7.120556
Großes Gelände zwischen Fluss und Straße

Reisemobilpark Minheim
Am Moselufer, 54518 Minheim,
Tel. 06887/1553, top-platz.de/minheim
GPS: 49.865056, 6.941306
Stellplatz für 90 Fahrzeuge direkt am Moselufer

Stellplatz am Yachthafen
Moselstraße 12,
54347 Neumagen-Dhron,
Tel. 0174/9678296,
marina-mittelmosel.de
GPS: 49.85151, 6.89261
Ebene Stellplätze am Hafen mit Blick auf die Weinberge

Reisemobilpark Treviris
In den Moselauen, 54294 Trier,
Tel. 0651/86921, camping-treviris.de
GPS: 49.74388, 6.62472
140 Stellplätze auf Rasengitter am Campingplatz

In Minheim in erster Reihe

Saarland

Kulinarik und Geselligkeit

Die Wohnmobil-Oase am Schwarzrindersee bietet ein umfangreiches Sommerprogramm.

TOURENLÄNGE
195 Kilometer

START UND ZIEL
Vom Bostalsee nach Sankt Wendel

Bitburg
Wittlich
Traben-
-Trarbach
Simmern
Bernkastel-
Kues
Mosel
Hunsrück
Schweich
Morbach
LUXEM-
BURG
Trier
Kirn
Nahe
Konz
Idar-
-Oberstein
Hermeskeil
Otzen-
hausen
Birkenfeld
Saarburg
Nonnweiler
Stellplatz
Reha-Klinik
Saar
Nohfelden
Weiskirchen
Thailen
Bostal-
see
Campingplatz
Bostalsee
Glan
Orscholz
Mettlach
Wadern
Borg
Losheim
a. See
Kusel
Perl
Merzig
Wohnmobil-Oase
am Schwarzrinder See
St. Wendel
Ottweiler
Stellplatz am
Wingertsweiher
Rehlingen-
Siersburg
Dillingen
Wallerfangen
Neunkirchen
Saarlouis
Homburg
St. Ingbert
Völklingen
Wadgassen
Saar-
brücken
Zweibrücken
Völklinger
Hütte
Blieskastel
Campingplatz am
Spicherer Berg
Stellplatz am
Würzbacher Weiher
FRANKREICH
N
0
10 km

2

Unterschätztes Bundesland

Wasser, Wald und Kultur

Viele wissen nicht, wie schön es im Saarland ist: Hügel, Wälder, Täler und Seen ziehen auf der Fahrt am Fenster vorbei. Alte Schlote und Fördertürme erinnern hier und da an jene Ära, als Kohle und Stahl den Alltag der Menschen in der Gegend bestimmten. Doch auch an diesen Orten sprießt frisches Grün zwischen den Zeugnissen der von Ruß und schwerer Arbeit geprägten Vergangenheit.

Tag 1

FRÜHE VÖGEL

Die ersten Sonnenstrahlen des Tages berühren das Wasser und lassen es glitzern: Der **Bostalsee** 1 liegt harmonisch eingebettet in die sanft geformten Hügel des Naturparks Saar-Hunsrück, was den Anschein vermittelt, als gäbe es ihn bereits seit Urzeiten. Doch der See wurde erst in den 1970er-Jahren angelegt. Seine Fläche beträgt 120 Hektar – er ist damit der größte Freizeit- und Badesee im Südwesten

Weiden prägen das Saarland.

Tag 1
1 Bostalsee – Km 0

Tag 2
2 Nonnweiler-Otzenhausen – Km 10
3 Thailen – Km 32

Tag 3
4 Weiskirchen – Km 34
5 Losheimer See – Km 42
6 Mettlach – Km 55
7 Orscholz – Km 62

Naturdenkmal Große Saarschleife

Deutschlands. Wir genießen die frühe Stunde beim Radeln auf den befestigten Radwegen, die um den See herumführen. Zwei Segelboote schweben nahezu wie weiße Schmetterlinge über das Wasser. Die Morgengäste strömen in die Strandbäder mit Liegewiesen und Beachvolleyball-Feldern. Im weiteren Verlauf der Strecke säumen Schilf und kleine Biotope das Ufer.

Manchmal geht es im Hafen in Bosen hoch her, es wird gelacht und gefeiert: An den Sommerwochenenden locken Kinderfest, Open-Air-Kino, Comedy Night und das Seefest Ende Juli zahlreiche Besucher aus nah und fern. Das Kunstzentrum Bosener Mühle bietet neben Kunstkursen eine Reihe von Kulturveranstaltungen, wie etwa Ausstellungen, Konzerte oder Lesungen. Nach einem

OPEN-AIR-GALERIE

Zwischen Bostalsee und Sankt Wendel verläuft die Straße der Skulpturen, initiiert vom Bildhauer Leo Kornbrust. Sie ist Teil des Saarland-Rundwanderwegs. Diesen 25 km langen Abschnitt säumen 55 Skulpturen von 49 Künstlern aus 12 Ländern.

Tag 4

- **8** Perl-Borg **Km 73**
- **9** Saarlouis **Km 111**
- **10** Saarbrücken **Km 137**

Tag 5

- **11** Blieskastel **Km 161**
- **12** Ottweiler **Km 185**

Tag 6

- **13** Sankt Wendel **Km 195**

Frühmorgens am Losheimer See

erlebnisreichen Tag übernachten wir auf dem Stellplatz am Campingplatz, der sich am Westufer jenseits der Straße erstreckt.

Tag 2

AUSFLUG IN DIE EISENZEIT

Im Umland von **Nonnweiler-Otzenhausen** 2 trifft man im Wald auf eine deichartige Anhäufung von Steinen. Diese bildete einst einen 2,5 Kilometer langen und 15 Meter hohen Ringwall, den die Kelten ab dem 4. Jahrhundert v. Chr. zum Schutz vor den Römern errichteten. Er zählt zu den eindrucksvollsten und am besten erhaltenen keltischen Befestigungsanlagen in Europa. In seiner Nähe gewährt der Keltenpark Otzenhausen mit Keltendorf und neuem Besucherzentrum Nationalpark-Tor spannende Einblicke in diese wenig dokumentierte Epoche der Menschheitsgeschichte, als der Stamm der Treverer hier siedelte.
Das Dorf umfasst zehn liebevoll rekonstruierte Gebäude, darunter eine Schmiede (keltenpark-otzenhausen.de).

Am Nachmittag erreichen wir die Wohnmobil-Oase in **Thailen** 3, einem Ortsteil von Weiskirchen. Das gepflegte Terrain ist Teil einer Wohn- und Freizeitanlage am Schwarzrinder See. Im Zufahrtsbereich lockt das »Weindorf am Weinstrand« u. a. mit kulinarischen Köstlichkeiten und geselligen Grillpartys mit Live-Musik; diese finden im Sommer jeden Samstag statt. Bevor es am Abend losgeht, drehen wir eine Runde ums Wasser und entdecken dabei Schwarzstörche, die an Bach und See reichlich Nahrung finden.

Tag 3

TRETBOOT NACH HAWAII

In **Weiskirchen** 4 genießen wir am Vormittag die üppige Blütenpracht im Staudengarten um den Kurparksee mit seinen rund 10 000 Pflanzen. Nach einem feinen Mittagessen in einem Restaurant am nahe gelegenen **Losheimer See** 5 mieten wir uns ein Tretboot und treiben damit gemächlich übers Wasser. Das 31 Hektar große Staubecken bietet ideale Bedingungen für weitere Aktivitäten wie Schwimmen, Segeln, Windsurfen und Angeln. Später besuchen wir das Strandbad mit Sandstrand und großer Liegewiese. Konzerte, Festivals und Märkte sorgen auch hier im Sommer für jede Menge Unterhaltung. Für jene Gäste, die in erster Linie entspannen möchten, hält die Umgebung viele ruhige Ecken mit schönen Picknickplätzen bereit. Vom Stellplatz am Rand des Großparkplatzes bietet sich ein weiter Ausblick über die Felder und Höhen im Hochwälder.

Seit mehr als 200 Jahren ist die Alte Abtei in **Mettlach** 6 der Firmensitz von Villeroy & Boch, dem renommierten Hersteller von Keramikprodukten. (Die Eröffnung der neu gestalteten Markenerlebniswelt erfolgt voraussichtlich im Herbst 2024.) Tief unterhalb des Kurstädtchens **Orscholz** 7, eines Ortsteils von Mettlach, durchbricht die Saar in einem Bogen den Quarzsandstein. Spektakuläre Ausblicke auf die berühmte Große Saarschleife und ihre bewaldeten Rücken bieten sowohl der 180 Meter über dem Fluss gelegene Aussichtspunkt auf dem Cloef-Felsen als auch der im Jahr 2016 ein Stück oberhalb errichtete Baumwipfelpfad mit einem 42 Meter hohen Aussichtsturm. Der Weg zur Plattform verläuft barrierefrei über Serpentinen mit maximal sechs Prozent Steigung (urlaub.saarland).

Vorgarten-Idylle in Nonnweiler

Da Wohnmobile auf dem Parkplatz am Besucherzentrum Cloef-Atrium untersagt sind, weichen wir auf den benachbarten Parkplatz an der Reha-Klinik Orscholz aus, wo es sechs Übernachtungsplätze gibt.

Tag 4

PRÄCHTIGE PALÄSTE

Wie das Leben auf einem luxuriösen römischen Landgut im 3. Jahrhundert in der Saar-Mosel-Region ausgesehen hat, präsentiert eindrucksvoll die aufwendig rekonstruierte Römische Villa in **Perl-Borg** 8 – u. a. mit großem Villenbad, Herrenhaus, Torhaus, Ziergarten und Taverne. Hinter den Gebäuden verläuft ein Kräuter- und Gemüsegarten. Dort Geerntetes gelangt in die Küche der Taverne, wo Speisen nach den Rezepten des römischen Kochbuchautors Apicius zubereitet und im Gastraum und auf der Terrasse serviert werden, z. B. »Pullus Varianus« (Hühnchen in Weinsoße mit Honigpilzen).

Ein weiteres Zeugnis aus dieser Epoche ist der prachtvolle, aus drei Millionen Steinchen zusammengesetzte Mosaikfußboden in den Ruinen einer römischen Villa in Perl-Nennig. Das antike Mosaik (2. Jh.) ist 16 x 10 Meter groß und damit das größte und am besten erhaltene nördlich der Alpen. Die detailreichen Darstellungen zeigen Szenen aus einem römischen Amphitheater, wie etwa blutige Tierhatzen oder den Kampf zweier Gladiatoren.

Der Initiative Völklinger Hütte ist es zu verdanken, dass dieses Werk in Völklingen nach seiner Schließung im Jahr 1986 nicht abgerissen wurde. Ihre Mitglieder glaubten damals fest an den hohen kulturhistorischen Wert der Anlage – und die Experten der UNESCO schlossen sich dieser Ansicht an und nahmen diese 1994 als erstes Industriedenkmal in das Welterbe auf. Staunende Besucher wandeln nun durch die Hallen mit ihren gewaltigen Windmaschinen und Hochöfen und erklimmen die Hochofenbühne, wo sich in 45 Metern Höhe ein einzigartiges Panorama über den ruhenden Koloss der Schwerindustrie öffnet. Der Rundgang endet dort, wo er begonnen hat: auf dem gut ausgestatteten Stellplatz am Gelände (voelklinger-huette.org).

SA(AR)VOIR-VIVRE

Saarlouis 9 ist eine lebensfrohe Stadt. Familien und Paare zieht es insbesondere in der warmen Jahreszeit sonntagmorgens zum Brunch in die Altstadt mit ihren zahlreichen gemütlichen Lokalen, Straßencafés und Restaurants – man bezeichnet sie daher gern auch als »die längste Theke des Landes«. Stadtgründer war 1680 Sonnenkönig Ludwig XIV., der der Neuansiedlung höchstpersönlich seinen Namen gab – unter der Regie seines Baumeisters Vauban entstand die nördlichste Festungsstadt Frankreichs. Ab 1815 übernahmen die Preußen die Macht und erweiterten die Festungsanlagen nach ihrem Geschmack. Lange Wallgräben und kleine Bastionen im Stadtpark bilden die heutigen Überreste. Ein sehenswertes Kleinod ist darüber hinaus der neospätgotische Hochaltar in der Stadtpfarrkirche Sankt Ludwig mit seinen bildgewaltigen Reliefs, geschaffen im Jahr 1910 vom Trierer Bildhauer Hans Steinlein (1872–1958).

Die Hauptstadt **Saarbrücken** 10 wirkt für eine Großstadt wohltuend entspannend, hat Charme und versprüht wie Saarlouis viel Lebensfreude. Am großen Sankt Johanner Markt mit seinen barocken Bürgerhäusern, Bistros, Cafés und Restaurants trifft man sich und hält ein Schwätzchen. Kleine Läden und Boutiquen laden zum Stöbern ein. Das markanteste Gebäude ist die Hausnummer 24, ein Stadtpalais mit schönem Arkadenhof, das die sehenswerte Stadtgalerie beherbergt. Die Basilika Sankt Johann in der Türkenstraße ist ein Werk des Barockbaumeisters Johann Friedrich Stengel, der auch die Ludwigskirche in Alt-Saarbrücken schuf. Diese wurde 1775 vollendet – sie stellt die Krönung seines Schaffens dar. Das Gotteshaus besticht mit einer schimmernden Fassade aus rotem Sandstein und mit ihrem lichtdurchfluteten Kirchenschiff; Wände und Mobiliar strahlen in hellen Pastellfarben.

Tag 5

XXL-MONUMENT

Das beschauliche Städtchen **Blieskastel** 11 überrascht wiederum mit Zeugnissen aus der Barockzeit, darunter die Residenz der Gräfin Marianne von der Leyen mit Schlosskirche, Park und Orangerie. Den Ort prägen repräsentative Verwaltungsbauten und Wohnhäuser. Die Gräfin hatte aber kein Glück mit ihrem Schloss: 1793 musste sie vor den anrückenden Truppen Napoleons fliehen; das Gebäude wurde geplündert und verfiel später. Am schönen Alten Markt steht der Schlangenbrunnen, der errichtet wurde,

Treffpunkt Sankt Johanner Markt

Die barocke Residenzstadt Blieskastel

nachdem die Gräfin geflohen war. Dieser huldigt dem neuen Herrscher mit der Inschrift: »A Napoléon, premier Empéreur des Français« (»An Napoleon, den ersten Kaiser der Franzosen«).

Auf einer Anhöhe über der Stadt erhebt sich ein beinahe sieben Meter hoher Monolith: ein 4000 Jahre alter Menhir, der größte im mitteleuropäischen Raum, wie im »Guiness-Buch der Rekorde« zu lesen ist. Er war in der Jungsteinzeit sehr wahrscheinlich Teil einer Totenkultstätte.

Von der Sommeresidenz Gartenlust derer von der Leyen am Niederwürzbacher Weiher existiert noch der Annahof, ein Wirtschaftsgebäude, in dem heute ein schönes Restaurant mit Biergarten am See untergebracht ist. Am Ufer des Weihers findet man auch einen Stellplatz. »Gudd gess« lautet ohnehin das Lebensmotto vieler Saarländer, wovon wir uns anderntags im Traditionsgasthof Restaurant Werns Mühle in Ottweiler-Fürth überzeugen können (unsere.werns-muehle.de).

Die Altstadt von **Ottweiler** 12 besticht mit einem ansehnlichen Ensemble historischer Bürgerhäuser; besonders hervorzuheben ist das Hesse-Haus (1590) mit seiner reich verzierten Giebelfront. Über allem wacht der mächtige Alte Turm mit seiner »Zibbelkabb«, der auch als Glockenturm der evangelischen Kirche dient. Reich wurde das Städtchen einst als Nebenresidenz der Fürsten von Nassau-Saarbrücken, die im Ort u. a. eine Porzellanmanufaktur betrieben.

Tag 6

VEREHRTER SCHUTZPATRON

Der Sage nach kam der Heilige Wendelin im 7. Jahrhundert aus Schottland, um auf dem heutigen Gebiet von **Sankt Wendel** 13 als Einsiedler zu leben und als Missionar zu wirken. Seine Gebeine ruhen seit über 1000 Jahren im Wendelsdom, dem mächtigen Wahrzeichen der Stadt und viel besuchtem Pilgerziel. Das Innere des spätgotischen Gotteshauses zieren Malereien in warmen Rottönen. Sehenswert sind auch die Steinkanzel im hinteren Chor und der mit Ornamenten geschmückte Sarkophag des Heiligen. Sportlich Aktive schätzen in der Stadt den Wendelinus-Park mit Hallenbad, Wellnesszentrum und großem Skate-Park sowie einem fünf Kilometer langen Parcours für Jogger und Inline-Skater. Am Wendelinushof beginnt und endet der Premium-Wanderweg Tiefenbachpfad, der uns zum Abschluss unserer Saarland-Tour eine herrlich abwechslungsreiche Wanderung rund um den Bosenberg beschert.

Camping- und Stellplätze

Campingplatz Bostalsee
Am Campingplatz 1, 66625 Bosen,
Tel. 06852/923 33,
bostalsee.de/campingplatz
GPS: 49.560667, 7.060778
Campingplatz mit Stellplatz oberhalb des Sees

Wohnmobil-Oase am Schwarzrinder See
Schwarzrinder See 1a,
66709 Weiskirchen-Thailen,
Tel. 06874/65 16, dasweindorf.de
GPS: 49.52397, 6.82966
Geschotterte Parzellen mit Blick auf See und Feriendorf

Stellplatz Reha-Klinik Cloefstraße 1,
66693 Mettlach-Orscholz,
Tel. 06865/911 51 00,
mettlach-saarschleifenland.de
GPS: 49.506812, 6.536072
6 Park- und Übernachtungsplätze auf dem Klinik-Parkplatz

Stellplatz am Bostalsee

Weindorf Schwarzrinder See

Völklinger Hütte
Rathausstraße 75–79, 66333 Völklingen,
Tel. 06898/910 01 00,
voelklinger-huette.org
GPS: 49.24722, 6.84505
12 parzellierte Stellplätze auf Großparkplatz

Campingplatz am Spicherer Berg
Spicherer Weg 10, 66119 Saarbrücken,
Tel. 0681/517 80,
camping-saarbruecken.de
GPS: 49.209895, 6.974668
Solide ausgestatteter Platz 3 km außerhalb der Stadt (April–Sept.)

Stellplatz am Würzbacher Weiher
Marxstraße, 66440 Blieskastel,
Tel. 06842/926 13 14, blieskastel.de
GPS: 49.247046, 7.191530
10 Stellplätze an der See-Gaststätte am Wiesengelände am Ufer

Stellplatz am Wingertsweiher
Am Wingertsbach, 66564 Ottweiler,
Tel. 06824/35 11, ottweiler.de
GPS: 49.411389, 7.180556
Ebenes Areal mit Stromanschlüssen in Seenähe neben einer Gaststätte

Nahetal und Nordpfälzer Bergland

Erste Wirkungsstätte

Im Kloster Disibodenberg begann die Lehrtätigkeit von Hildegard von Bingen.

TOURENLÄNGE
141 Kilometer

START UND ZIEL
Von Bingen nach Kaiserslautern

0
10 km
N
Rheingau
Wiesbaden
Eltville
Rhein
Rüdesheim
Simmern
Heidesheim am Rhein
Ingelheim am Rhein
Bingen am Rhein
1
Wohnmobilpark Bingen
Nieder-Olm
Nahe
Camping Nahetal
2
Bad Kreuznach
Wörrstadt
Waldböckelheim
4
Bad Münster-Ebernburg
Bad Sobernheim
Boos
5
3
Oberhausen
Kirn
6
7
Kloster Disibodenberg
8
Stellplatz Nohfels-Park
Glan
Odernheim am Glan
Nahe
Alzey
Wohnmobilstellplatz In der Heimbach
9
Meisenheim
Lauterecken
10
Wohnmobilstellplatz Villa Toskana
Kirchheim-bolanden
Wolfstein
11
Eisenberg
Grünstadt
Kusel
Otterberg
Otterbach
Kaisers-lautern
12
Hoch-speyer
Bad Dürkheim
Wohnmobilstellplatz Daennerplatz
Landstuhl
Hohenecken
Breitenau
Bruchmühlbach-Miesau
Camping am Gelterswoog
Schopp
Neustadt a. d. Weinstraße
Pfälzer Wald
Zweibrücken

3

Sieh, das Gute liegt so nah

Mediterrane Momente

Lust auf Sommer auf dem Land, mit einem Hauch von Süden? Unsere Empfehlung: eine Wohnmobil-Tour durch das Nahetal zwischen Hunsrück, Rheingau und Rheinhessen und danach weiter durch das Nordpfälzer Bergland über Lauterecken nach Kaiserslautern im Naturpark Pfälzer Wald. Mit dabei: die Wanderschuhe.

Tag 1

WAHR ODER NICHT WAHR

Legenden erzählen oft grausige Geschichten: etwa davon, dass der Mainzer Erzbischof Hatto (ca. 850–913) hungernde Menschen, die ihn um Essen baten, in eine Scheune sperrte – und diese anzündete. Sogleich stürzten sich Hunderte Mäuse auf den Kirchenmann. Es gelang ihm zunächst, sie abzuschütteln und ihnen zu entkommen. Er versteckte sich in einem Turm auf einer Insel im Rhein vor **Bingen** ❶. Doch die Nager fanden Hatto und fraßen ihn auf.

Altstadt-Café in Bingen

Tag 1	Tag 2	Tag 3	Tag 4			
❶ Bingen Km 0	❷ Oberhausen Km 33	❸ Bad Kreuznach Km 61	❹ Boos Km 68	❺ Waldböckelheim Km 72	❻ Bad Sobernheim Km 79	❼ Kloster Disibodenberg Km 83

»Dolcefarniente« am Speisemarkt

Diese Schilderung ist wenig glaubhaft, denn der ehemalige Zollturm an besagter Stelle, den man Mäuseturm nennt, entstand erst 300 Jahre nach dem Tod des Erzbischofs. Plausibel erscheint daher eine weitere Namenslegende: Sie besagt, dass die Schiffskapitäne früher am Turm »Mäuse« (Maut) berappen mussten.

Am Vormittag besichtigen wir die Basilika Sankt Martin in Bingen, deren Südwestturm sich weit sichtbar über dem rechten Nahe-Ufer erhebt. Sie besitzt eine kostbare Ausstattung, darunter Grabplatten aus der Zeit des frühen Christentums und eine thronende Muttergottes mit Kind (um 1315), die älteste bemalte Holzplastik des Kircheninventars – diese Heiligenfigur strahlt viel Ruhe und Gelassenheit aus. Zwischen der Basilika und dem Fruchtmarkt erstreckt

2000 JAHRE KULTURGESCHICHTE

Vor der wunderbaren Kulisse des Binger Lochs präsentiert das Museum am Strom im historischen Elektrizitätswerk Dauer- und Sonderausstellungen zu Hildegard von Bingen, Rheinromantik, Römerzeit und Stadtgeschichte (bingen.de).

		Tag 5	Tag 6		Tag 7
8	9	10	11	12	12
Odernheim am Glan	Meisenheim	Lauterecken	Wolfstein	Kaiserslautern	Kaiserslautern
Km 86	**Km 94**	**Km 107**	**Km 117**	**Km 141**	

Panoramablick vom Lemberg

sich die Altstadt mit einigen reich verzierten Gebäuden aus dem 18. Jahrhundert, wie z. B. das Patrizierhaus von 1789 am Speisemarkt 3 – Fachleute bezeichnen diesen Baustil als Rokokoklassizismus. Das Haus beherbergt heute ein Café.

Auf dem Rochusberg oberhalb der Stadt befindet sich die neugotische Rochuskapelle, die nicht nur durch ihre ornamentreiche Gestaltung, sondern auch durch ihre außergewöhnlich schöne landschaftliche Lage beeindruckt: Von der Wallfahrtskirche und dem Heiligen Grab davor bietet sich eine fantastische Weitsicht über den Rheingau und die Naheregion.

Tag 2

DER SÜDEN LÄSST GRÜSSEN

Morgennebel streicht über die Flusslandschaft. Wohlgeformte, mitunter steile Weinberge begleiten die Nahe, die sich träge durchs Tal schlängelt. Die waldreichen Nordhänge erreichen ihren Höhepunkt am Lemberg, der mit 422 Metern höchsten Erhebung in der Region. Vom Gipfelbalkon genießen wir einen wunderbaren Ausblick über die Nahe-Schleife bei **Oberhausen** ❷: zur Linken auf das propere Winzerdorf und die goldgelben Getreidefelder am Horizont, zur Rechten auf die fächerförmig verlaufenden Rebzeilen über dem Fluss um den renommierten Weinberg Hermannshöhle mit seinen nach Südosten, Süden und Südwesten gewandten Lagen.

Der Silbersee auf dem Lemberg verzaubert durch seine idyllische Waldlage. Er entstand unbeabsichtigt durch Sprengarbeiten im Tagebau und ist heute Teil eines Naturschutzgebiets – daher ist das Baden im See verboten.

Ein weiteres lohnendes Wanderziel in der Gegend ist die ebenfalls einsam gelegene Ruine Montfort: 1456 stürmten die Truppen des Mainzer Erzbischofs Diether von Mainz und des Kurfürsten Friedrich I. von der Pfalz die Burg aus dem Mittelalter und zerstörten sie. Ein für die damalige Zeit bemerkenswertes Detail ist die mit einem Kiesfilter ausgestattete Regenzisterne.

Tag 3

LUITPOLD VON BAYERN

Am nächsten Morgen steht eine Radtour auf dem Programm. Nachdem wir auf dem Reisemobilstellplatz des Campings Nahetal am alten Bahnhof des Orts die Räder bestiegen haben, passieren wir wenig später die Luitpoldbrücke aus gelbem Sandstein; eine Gedenktafel an der Brückenmauer erinnert an den bayerischen Prinzregenten, der anno 1889 den Nordwestzipfel der damals zu Bayern gehörenden Rheinpfalz mit diesem Bau ehrte. Seit der Gründung des Bundeslands Rheinland-Pfalz im Jahr 1946 fließt die Nahe – von ihrer Quelle im Saarland abgesehen – bis zur Mündung in den Rhein bei Bingen ausschließlich durch rheinland-pfälzisches Gebiet.

Unser Tagesziel heißt **Bad Kreuznach** ❸. Die Stadt entstand aus einer römischen Versorgungsstation mit dem Namen Cruciniacum. Sie lag an einer antiken Handelsroute, die von Metz nach Bingen führte. Kreuznach galt schon im 19. Jahrhundert als mondäner Kurort – das weltweit älteste Radon-Solebad erstreckt sich zu beiden Seiten der Nahe. Wahrzeichen der Altstadt sind die beiden Brückenhäuser auf der Alten Nahebrücke.

Luitpoldbrücke in Oberhausen

Auf der Strecke nach Koblenz passieren wir u. a. das Heilbad Bad Münster am Stein-Ebernburg, wo sich der 327 Meter hohe Rotenfels eindrucksvoll über dem linken Ufer erhebt. Die schroffe Wand besteht aus Porphyr, also aus vor vielen Millionen Jahren erstarrtem Magma; sie ist die steilste Kletterwand nördlich der Alpen. Am Flussufer gegenüber befindet sich das sehr sehenswerte Steinskulpturenmuseum mit zeitgenössischer Bildhauerkunst (fondation-kubach-wilmsen.de).

Tag 4

MYSTISCHE KLOSTERRUINE

Das Dorf **Boos** ❹ überrascht mit einem reizenden kleinen Rathaus in Fachwerkbauweise mit Uhrtürmchen und offener Laube im Erdgeschoss (18. Jh.).

Die beiden monumentalen, landschaftsprägenden Kirchen in **Waldböckelheim** ❺ sind dagegen Zeugnisse des Machtstrebens und des architektonischen Ehrgeizes im 19. Jahrhundert. Im trockenen, sonnenreichen Klima entlang der Nahe und ihrer Nebenflüsse Glan und Alsenz gedeihen viele herausragende Rebsorten wie Riesling, Müller-Thurgau und Dornfelder. Weißweine beanspruchen Dreiviertel der Anbaufläche. Der rund 100 Kilometer lange Weinwanderweg Rhein-Nahe führt von Kirn bis nach Bingen. Darüber hinaus verläuft durch das Anbaugebiet die Naheweinstraße: Der Rundkurs verbindet 35 Weindörfer.

Eine große Attraktion am Weg ist das Rheinland-Pfälzische Freilichtmuseum in **Bad Sobernheim** ❻. Es spiegelt den Alltag der Menschen wider, die in den letzten 500 Jahren in der Großregion lebten. Zu diesem Zweck wurden 40 Gebäude aus allen Ecken des Landes zunächst mit großer Sorgfalt ab- und später hier in neu formierten Baugruppen wieder aufgebaut.

Im Gebiet, wo Nahe und Glan zusammenfließen, liegen im dichten Wald versteckt die Überreste des **Klosters Disibodenberg** ❼, benannt nach dem schottischen Wanderprediger Disibod, der an dieser Stelle um das Jahr 600 herum eine Klause mit Taufkapelle errichtete. Von hier ging die Christianisierung der Naheregion aus. Ab 1108 erfolgte die Umwandlung in ein Benediktinerkloster. In der Abtei wirkte u. a. als junge Magistra die berühmte Mystikerin und Universalgelehrte Hildegard von Bingen (1098–1179). Leider wurden die aufgegebenen Gebäude lange Zeit als Steinbruch genutzt. Dennoch gut erhalten sind die hohen Außenmauern der Kirche – sie lassen die einstige hohe Bedeutung der Anlage erkennen. Ein

Goldene Aussicht auf Camping Nahetal

Bad Kreuznacher Brückenhäuser,
1495 erstmals urkundlich erwähnt

(gebührenpflichtiger) Fußweg – vorbei an alten Orleans-Reben – führt zu den Ruinen. Neben dem Eingang befindet sich ein kleines Klostermuseum; es hat an Wochenenden und Feiertagen geöffnet.

Weiter unten am Berg liegt der beschauliche Ort **Odernheim am Glan** ❽. Er erhielt 1349 das Stadtrecht und war einst durch eine Mauer geschützt, wovon ein stattliches Tor (Durchfahrthöhe 3,20 m) erhalten ist. Im Kern dahinter duckt sich ein Schlösschen, ein früherer Nebensitz der Herzöge von Pfalz-Zweibrücken.

Meisenheim ❾ wird erstmals 1154 urkundlich erwähnt. Wir beginnen unseren Stadtrundgang an der imposanten Schlosskirche: Das 1504 vollendete Gotteshaus aus hellem Sandstein gilt u. a. wegen seines vielgliedrigen Sternengewölbes im Hauptchor als spätgotisches Meisterwerk. An der Chorseite der Kirche führt eine Treppe hinunter in die Altstadt mit ihren verwinkelten Gassen und wunderschönen Gebäuden, darunter das Rathaus mit filigraner Fachwerkfront und vieleckigem Turm mit Wendeltreppe auf der Hofseite.

Tag 5

WECHSELNDE HERRSCHER

Die Stadt **Lauterecken** ❿ am Zusammenfluss von Lauter und Glan entstand im 14. Jahrhundert. In ihr regierten lange Zeit die Grafen von Veldenz, bis ihr Schloss im Pfälzischen Erbfolgekrieg 1689 zerstört

Kornmarkt in Bad Kreuznach

wurde. Danach ging's wie in vielen Orten in der Pfalz turbulent weiter: Lauterecken gehörte in rascher Folge zur Kurpfalz, zur Französischen Republik, zum Napoleonischen Kaiserreich, zu Österreich und zum Königreich Bayern. Zu den schönsten historischen Bauwerken zählen etwa das wieder aufgebaute Schloss oder die alte Bogenbrücke über das Flüsschen Lauter. Diese hielt als Erster der Verleger und Kupferstecher Matthäus Merian in seiner Stadtansicht aus dem Jahr 1645 fest – damit zählt die Lauterbrücke nachweislich zu den ältesten erhaltenen Brücken in der Pfalz. Sie ist eine von vielen Perlen am 112 Kilometer langen Pfälzer Höhenweg.

Palmen und eine Villa im Terracottastil als Empfangsgebäude schaffen auf dem Wohnmobilstellplatz Villa Toskana, angelegt auf dem Gelände einer Fertighausfirma, eine mediterrane Atmosphäre. Er ist ausgestattet mit einem (aufpreispflichtigen) Komfort-Sanitär. Das ebenfalls sehr ansprechend gestaltete Restaurant Toskana am Platz ist nach einem Dornröschenschlaf unter einem neuen Betreiberduo wieder erwacht. Durch das Areal verläuft eine Draisinenstrecke: Auf 28 Stationen erleben die Fahrgäste per eigene Muskelkraft eine spannende Entdeckungsreise durch das Glantal (pfaelzerbergland.de).

Tag 6

GROSSE KALKSTEINVORKOMMEN

Historische Stollen durchziehen seit dem 17. Jahrhundert den unweit südlich gelegenen Königsberg. In ihnen wurde 300 Jahre lang nach Schwerspat, Eisenerz, Quecksilber und Steinkohle gegraben. Es gab rund um den Berg auch etliche Kalkbergwerke, die vielen Menschen Arbeit boten. Die Anlagen wurden nach und nach unrentabel und daraufhin stillgelegt. Am längsten im Betrieb war das Kalkbergwerk Kappel in **Wolfstein** (11); es schloss 1967. Wann dieser als Besucherbergwerk dienende Stollen angelegt wurde, ist nicht bekannt. Eine Grubenbahn bringt die Besucher 50 Meter unter Tage, wo sich ein Rundweg zu den alten Abbaustellen anschließt. Die geführte Tour vermittelt viele interessante Details zur früheren Arbeitsweise und den Arbeitsbedingungen der Bergleute sowie zur Geologie des Königsbergs; zudem umfasst sie die Besichtigung der Einrichtungen über Tage wie Brennöfen und Kalkmühlen (kalkbergwerk.com).

Gemächlich über die Nahe gleiten

Mitten in der Natur und mitten im Naturpark Pfälzerwald beziehen wir einen

Stellplatz auf dem Campingplatz am Stausee Gelterswoog, wenige Kilometer südwestlich von **Kaiserslautern** ⑫. Als Übernachtungsalternative bietet sich der Wohnmobilstellplatz Daennerplatz zwischen

Wanderziel Ruine Montfort

Volkspark und Hauptfriedhof an. Das Wahrzeichen der Universitätsstadt ist der Kaiserbrunnen am Platz Mainzer Tor – unübersehbar mit zwölf Metern Durchmesser und fünf Metern Höhe. Er ist eine Arbeit aus Bronze und Sandstein, 1987 geschaffen vom einheimischen Bildhauerehepaar Barbara und Gernot Rumpf. Der Brunnen ist Treffpunkt für Einheimische, Touristen und Kunstliebhaber, die sich an den humorvollen Darstellungen mit u. a. Szenen und Objekten aus Geschichte und Gegenwart erfreuen – mit Kaiser Friedrich Barbarossa und König Rudolf von Habsburg als Hauptfiguren. Fußballbegeisterte entdecken in diesem Arrangement sofort einen Fußball, signiert von Fritz Walter, dem Ehrenbürger und Weltmeister-Kapitän von 1954.

Tag 7

ITALIENISCHE PALASTKULTUR

Die Fruchthalle – erbaut 1846 im Stil der Neorenaissance nach dem Vorbild florentinischer Palazzi – war früher eine Art Fruchtbörse. Im Festsaal des Gebäudes finden heute regelmäßig Konzerte statt. Der Sankt-Martins-Platz mit seinen Straßencafés und riesigen alten Bäumen gilt als einer der schönsten Plätze der Stadt. Die Sankt-Martins-Kirche am Platz stammt aus dem 14. Jahrhundert. Älter ist die mächtige Stiftskirche: Sie fußt auf den Grundmauern einer Basilika, die Barbarossa im 12. Jahrhundert erbauen ließ. Von ihrem Turm erklingt siebenmal am Tag ein Glockenspiel mit wechselnden Musikstücken. Das Theodor-Zink-Museum zeigt die Entwicklung der Stadt von den ersten Siedlungsanfängen bis heute; Kunstfreunde zieht es in die Pfalzgalerie.

Grüne Inseln mitten in der Stadt, wo man wunderbar relaxen kann, sind u. a. das Gartenschaugelände, der Japanische Garten – ein botanisches Kleinod – und der Volkspark, der an jedem zweiten Sonntag im Sommer zu Frühschoppenkonzerten einlädt. Wir jedenfalls beenden Tag 7 unserer Tour durch die Nord- und Westpfalz beim Stand-up-Paddling auf dem Gelterswoog.

Guter Standort nahe Bingen

Camping- und Stellplätze

Wohnmobilpark Bingen
Außerhalb Gaulsheim 11,
55411 Bingen-Gaulsheim,
Tel. 06721/15 34 21,
wohnmobilpark-bingen.de
GPS: 49.96876, 7.94407
Gepflegtes Areal (40 Plätze) ohne Sanitäranlagen

Camping Nahetal
Bahnhofstraße 34, 55585 Oberhausen an der Nahe,
Tel. 06755/960 01, camping-nahetal.de
GPS: 49.79458, 7.75484
Schöne Anlage mit integriertem Wohnmobilstellplatz

Stellplatz Nohfels-Park
Hömigweg 1, 55566 Bad Sobernheim,
Tel. 06751/85 46 11, nohfels-park.de
GPS: 49.77915, 7.65828
Parkartiges Gelände mit Restaurant und Minigolf

Wohnmobilstellplatz In der Heimbach
Hauptstraße 34, 55590 Meisenheim,
Tel. 01522/461 26 96,
ferienregion-nahe-glan.de
GPS: 49.71477, 7.6574
Parzellierte Plätze am Freibad am Stadtrand

Wohnmobilstellplatz Villa Toskana
Friedhofweg 3a, 67742 Lauterecken,
Tel. 06382/921 70,
wohnmobilstellplatz-lauterecken.de
GPS: 49.65022, 7.58773
Gut ausgestattet, mit einem Hauch »bella Italia«

Camping am Gelterswoog
Gelterswoog 2, 67661 Kaiserslautern,
Tel. 01522/415 43 00,
camping-gelterswoog.de
GPS: 49.39444, 7.69000
Naturcampingplatz am See mit soliden Einrichtungen

Wohnmobilstellplatz Daennerplatz
Mannheimer Straße 208,
67657 Kaiserslautern,
Tel. 0631/365 23 17, kaiserslautern.de
GPS: 49.442778, 7.802500
Zentral und dennoch ruhig mit Bushaltestelle beim Platz

Wohnmobilstellplatz Camping Nahetal

Südliches Rheinland-Pfalz

Rosenkönigreich

Alle zwei Jahre wählen die Einwohner im beschaulichen Dörrenbach ihr »Dornröschen«.

TOURENLÄNGE
201 Kilometer

START UND ZIEL
Von Speyer nach Waldfischbach-Burgalben

Glan
Alzey
Rhein
Kirchheim-
bolanden
Rockenhausen
Worms
Knaus
Campingpark
Otterberg
Ludwigs-
hafen
Mann-
heim
Bad Dürkheim
Kaisers-
lautern
Wachenheim
Landstuhl
Gimmeldingen
Pfälzer
Wald
Neustadt
a. d. Weinstraße
Camping
Clausensee
Speyer
Wald-
fischbach-
Burgalben
Weingut
Schreieck
Sankt Martin
Edenkoben
Ramberg
Rodalben
Stellplatz am
Technikmuseum
Pirmasens
Annweiler
Landau
Dahn
Billigheim-
Ingenheim
Dörren-
bach
Erlenbach
Camping mit Stellplatz
im Klingbachtal
Naturcampingplatz
am Berwartstein
Bad
Bergzabern
Rechtenbach
Kandel
Karlsruhe
Rhein
FRANKREICH
N
Sinzheim
0
10 km

4

Mehr als weinselige Romantik

Wo die Pfalz am schönsten ist

Ob beim Wandern durch die Weinberge, beim Radfahren entlang des Rheins oder beim Klettern in den Buntsandsteinfelsen im Dahner Felsenland – im Süden der Pfalz kommt jeder Urlauber auf seine Kosten. Es macht viel Freude, mit dem Mobil auf Nebenstraßen von Weindorf zu Weindorf zu tuckern. Kulturfreunde erfreuen sich an weltberühmten Monumenten.

Tag 1

PRACHTBAU DER ROMANIK

Die Sonnenstrahlen durchbrechen den Morgennebel, der von den Rheinauen aufzieht, als wir uns in **Speyer** 1 zu Fuß dem Dom nähern. Es ist ein wahrlich goldener Moment. Der Dom mit seinen vier schlanken Seitentürmen bestimmt wie kein anderes Gebäude das Stadtbild. Der Bau der heutigen Domkirche St. Maria und St. Stephan begann ab 1030 unter Kaiser Konrad II., dessen erklärtes Ziel es war, das

Maximilianstraße mit Dom

Tag 1 – 1 Speyer Km 0

Tag 2 – 2 Bad Dürkheim Km 37 – 3 Wachenheim Km 65 – 4 Neustadt-Gimmeldingen Km 74

Tag 3 – 5 St. Martin Km 83 – 6 Edenkoben Km 86

Tag 4 – 7 Landau Km 98

Radeln vor historischer Kulisse

größte Gotteshaus des Abendlands zu errichten. Wenngleich der Dom heute nicht mehr das größte Bauwerk der Christenheit darstellt, gilt er allemal als das mächtigste und bedeutendste Monument romanischer Baukunst. Von der in 60 Meter Höhe gelegenen Plattform auf dem Vierlingsturm an der Westfassade eröffnet sich bei gutem Wetter eine wunderbare Aussicht über die Stadt und die Vorderpfalz. Die Turmbesteigung und die Besichtigung des mit Fresken geschmückten Kaisersaals – er liegt auf dem Weg nach oben – sind kostenpflichtig (nur April bis Okt.), wie auch der Zugang zur Krypta und zu den Kaisergräbern.

Vom Domplatz führt schnurgerade die Maximilian-

PUBLIKUMS-MAGNETE

Weitere Top-Attraktionen in Speyer sind das Technik Museum und das Aquarium Sea Life. Fahrzeug-Oldtimer aller Art gibt es im Museum mit riesigem Freiareal zu bestaunen. Das Aquarium zeigt Süßwasser- und Meeresbewohner in ihrer ganzen Pracht, darunter auch Haie (speyer.de/de/tourismus).

Tag 5 · Tag 6 · Tag 7

8	9	10	11	12	13	14
Ramberg	Annweiler	Bad Bergzabern	Dörrenbach	Rechtenbach	Erlenbach	Waldfischbach-Burgalben
Km 113	Km 122	Km 140	Km 145	Km 152	Km 170	Km 201

Altstadt Speyer: schauen, stöbern und kaufen

straße auf einer Länge von fast einem Kilometer durch die historische Kernstadt; Oleanderbüsche, Palmen, Restaurants und Cafés versprühen südländisches Flair – sie gilt vielen als die schönste Einkaufsstraße weit und breit.

An der Ecke zum Geschirrplätzel erinnert die Bronzefigur eines Jakobpilgers – bekleidet mit weitem Mantel und Hut und ausgerüstet mit Wanderstab – an die jahrhundertealte Tradition der christlichen Wallfahrt. Darauf folgt die prächtige Alte Münz, ein Barockbau von 1689. Die Fassaden des ehemaligen Kaufhauses bilden u. a. die stimmungsvolle Kulisse für den Weihnachts- und Neujahrsmarkt. Am Westende der Straße erhebt sich das Altpörtel, ein mächtiger mittelalterlicher Turm, der einzig erhaltene von ehemals 68 Türmen.

Eine weitere Sehenswürdigkeit in der Altstadt ist die Dreifaltigkeitskirche, wiederum ein Meisterwerk des Barocks – ihre hölzerne Gewölbedecke ist komplett ausgemalt. Südlich der Maximilianstraße befindet sich das jüdische Ritualbad im romanischen Stil, das zu den eindrucksvollsten in Mitteleuropa zählt.

Tag 2

WECK, WORSCHT UND WOI

Die Kurstadt **Bad Dürkheim** 2 ist u. a. berühmt für ihr Riesenfass: Das größte Weinfass der Welt fasst theoretisch 1,7 Millionen Liter des edlen Safts – theoretisch deshalb, weil es noch nie mit Wein gefüllt war. Im Inneren befindet sich ein urgemütliches Restaurant, und im Sommer lädt dessen Terrasse zu einer stärkenden Rast zwischen mediterranen Kübelpflanzen ein. Das Riesenfass liegt auf dem Areal des Wurstmarkts, einer weiteren Attraktion der Stadt, gilt er doch mit mehr als 600 000 Besuchern als das weltgrößte Weinfest. Der Wurstmarkt findet jedes Jahr am zweiten und dritten Septemberwochenende statt; ein buntes Programm mit Konzerten und historischen Schauspielen sowie viele

Winzerdorf Gimmeldingen

Fahrgeschäfte einschließlich Riesenrad begleiten die Veranstaltung. Außerordentlich schade ist, dass während des Dürkheimer Wurstmarkts der große Wohnmobilstellplatz am Stadtrand als reiner Pkw-Parkplatz ausgewiesen ist – Wohnmobilisten müssen daher mangels Stellplatzalternativen auf den Campingplatz Knaus ausweichen.

Ein weiteres Aushängeschild von Bad Dürkheim ist das Gradierwerk: Es handelt sich dabei um einen 333 Meter langen Bau

Berühmtes Hambacher Schloss

aus Reisigbündeln und -wänden, über die sich Salzwasser aus einer Heilquelle ergießt und verdunstet. Ein Spaziergang entlang der Anlage soll Lungen und Bronchien stärken. Der Gradierbau steht im Kurpark, der ebenfalls Ruhe und Erholung verspricht. Direkt nebenan findet man das Freizeitpark Salinarium mit großen Innen- und solehaltigem Außenschwimmbecken, Rutschen, Wasserfall, Whirlpool und Gegenstromanlage sowie Saunen und Dampfbädern.

Wir besuchen am Nachmittag das modern und liebevoll gestaltete Stadtmuseum, in dem man neben viel Interessantem über die hiesige Frühgeschichte mit Keltenlagern und Römervillen auch erfährt, wie das Gradierwerk genau funktioniert. Der Eintritt in die multimediale Ausstellung auf mehreren Etagen ist kostenfrei. Bunte Häuser und Straßencafés locken darüber hinaus die Gäste in die gepflegte Innenstadt.

Ein beliebtes Ausflugsziel in der Nähe ist die Wachtenburg in **Wachenheim** 3, die Ruine einer Salierburg aus dem 12. Jahrhundert. Typische Merkmale einer Burg dieser Bauart ist neben ihrer Lage auf einem hohen Hügel oder Berg eine Ringmauer sowie ein freistehender Wohnturm. Die Wachtenburg krönt einen 232 Meter hohen Sporn und bietet demzufolge von ihrer Wehrplattform einen grandiosen Ausblick auf die Rheinebene und, bei klarer Sicht, bis hinüber zum Schwarzwald. Der »Balkon der Pfalz« verfügt daneben über ein Burgmuseum und eine Schänke. Eine Parkmöglichkeit für das Wohnmobil hält der Parkplatz in der Waldstraße bereit; der Fußweg von dort zur Burg beträgt 15 Minuten.

Über die Grenzen hinaus bekannt ist an der Deutschen Weinstraße das Naturschauspiel der Mandelbaumblüte im März, das man im malerischen Ort **Neustadt-Gimmeldingen** 4 mit einem großen Fest begeht. In geschützten Lagen gedeihen daneben Zitronen, Feigen und Kiwis.

Tag 3

VORZEIGE-WINZERDORF

Unweit südwestlich von Neustadt erstreckt sich auf einem Hügel – eingebettet zwischen Obst- und Weingärten – das wunderschöne Dorf **Sankt Martin** 5, dessen historischer Kern unter Denkmalschutz steht. Charmante Winzerhöfe und ein großes gastronomisches Angebot sind die Markenzeichen von Sankt Martin, und über den Dächern erhebt sich die Kropsburg aus der Stauferzeit, die mit Burgschänke und König-Ludwig-Brunnen zum Besucher-Pflichtprogramm gehört. Kein Wunder, dass mit dem Wohnmobilstellplatz auf dem Weingut Schreieck mitten im Ort vor mehr als 30 Jahren die erste Übernachtungsmöglichkeit dieser Art in der Region eröffnet wurde.

Ausgedehnte Weingärten umschließen das benachbarte Maikammer, das mit schmucken Fachwerkhäusern und steinernen Torbogen aufwartet. Ein gut gekennzeichneter Weg führt zum Gipfel des 673 Meter hohen Kalmit-Berges am Ostrand des Pfälzer Walds.

Stattliche Rundbögen an den rebenumrankten Hoftoren und verblasste Zunftzeichen

Wein- und Erholungsort Maikammer

erinnern auch im benachbarten **Edenkoben** 6 an die vermeintlich »gute alte Zeit«. Die jüngere Geschichte der weinfrohen Gemeinde ist verbunden mit der Villa Ludwigshöhe, einem Schlossbau, den sich König Ludwig I. von Bayern Mitte des 19. Jahrhunderts als Sommerresidenz errichten ließ. Von dort führt die Rietburg-Sesselbahn zu der in 544 Metern Höhe gelegenen gleichnamigen Burg mit ihrer Aussichtsterrasse, wo man grandiose Ausblicke bis zu den Domtürmen von Worms und Speyer genießt – und manchmal sogar bis zu den Odenwaldhöhen.

Tag 4

GÄRTEN, KULTUR UND GENUSS

Die frühere Festungs- und heutige Universitätsstadt **Landau** 7 wartet mit zahlreichen Parks und jeder Menge Kultur auf und bietet ein breites Baustil-Potpourri. Besonders ins Auge sticht die Festhalle, ein denkmalgeschützter Prachtbau aus der Jugendstilzeit. Beachtenswert sind auch das Französische und das Deutsche Tor im Stil römischer Triumphbögen, Überreste der ehemaligen Festung der Stadt. Auf dem historischen Rathausplatz fühlen wir uns in den Süden versetzt: Das Alte Kaufhaus, Cafés und Restaurants schaffen eine mediterrane Atmosphäre – nicht nur an Samstagen, wenn es auf dem Wochenmarkt neben den Obst- und Gemüseständen der Bauern aus der Region auch nach Kräutern der Provence oder nach Schafskäse aus Griechenland duftet.

Das Herzstück der Landauer Grünanlagen bildet der im englischen Stil angelegte Goethepark. Der Zoo Landau beherbergt rund 900 exotische Tierarten, während das Reptilium Landau auch Amphibien und Spinnen zeigt – das Haus gilt als der größte Reptilienzoo in Deutschland. Das Freizeitbad La Ola verspricht ganzjährig Badespaß für Jung und Alt.

Fein geschnitzte Heiligenfiguren prangen an vielen Häusern in **Ramberg** 8, einer Teilgemeinde von Annweiler am Trifels. Die alten Fassaden spiegeln die wechselvolle Geschichte des Ortes wider: Er gehörte u. a. zur Ersten Französischen Republik und zum Napoleonischen Kaiserreich. 1815 kam die gesamte Pfalz zu Österreich, ein Jahr später wurde sie Bayern zugeschlagen. Das Bürstenbinderhandwerk machte das Dorf einst wohlhabend (ramberg.de).

Durch die reizende Altstadt von **Annweiler** 9 fließt das Flüsschen Queich. Von kleinen Holzbrücken schaut man auf wunderschöne Fachwerkgebäude, darunter das Gasthaus Storchentor, ein Barockbau von 1560. Das Alte Rathaus von Annweiler ist dagegen sehr jung – es wurde Anfang der 1950er-Jahre erbaut. Am Rathausplatz genießen wir die gemütliche Atmosphäre im Café Chelini.

Das Museum unter dem Trifels informiert in drei Häusern und einer ehemaligen Wassermühle über die bewegte Vergangenheit der Stadt. Wichtigstes Thema sind die Staufer, die Burg Trifels oberhalb der Stadt auf dem fast 500 Meter hohen Sonnenberg errichteten. Diese Felsenburg war im Mittelalter eine bedeutende Reichsburg, von wo aus salisch-staufische Herrscher das Heilige Römische Reich regierten. In der Burg kann

Sankt Martin: Aufbruch zu neuen Abenteuern

man u. a. die originalgetreuen Nachbildungen der Reichskleinodien des Heiligen Römischen Reichs bewundern. Mit den Ruinen Anebos und Scharfenberg bildet die Burg Trifels ein Trio, das die Silhouette von Annweiler bestimmt.

Von Rosen umrankter Hof

Tag 5

GESUNDHEIT UND WOHLBEFINDEN

Wald und Reben umgeben auch den Kurort **Bad Bergzabern** (10), der seinen zahlreichen Besuchern nicht nur Heilwasser und -klima, sondern in den verwinkelten Gassen viele romantische Ecken bietet. Zu den historischen Sehenswürdigkeiten zählen das Schloss der Zweibrücker Herzöge, die Schlosskirche und das ehemalige Gasthaus Zum Engel, der zweifellos schönste Renaissancebau in der Pfalz. Das darin eingerichtete Stadtmuseum wird zurzeit saniert (Stand: April 2024), ein Termin für die Neueröffnung ist noch nicht bekannt. Vergleichsweise jung ist Bad Bergzaberns weitläufiger Kurpark mit Kurhaus und Thermalbad. Die Stadt wurde 1964 offiziell Heilbad. Eine sehr schön zusammengestellte Sammlung mit 20 000 Zinnfiguren ist im Haus der Buchhandlung Wilms zu bewundern.

Ein sehenswertes historisches Kleinod abseits der Hauptverkehrswege ist der benachbarte Ort **Dörrenbach** (11). Sein Renaissance-Rathaus (1592) schmücken zahlreiche Fachwerkschnitzereien. Die Kirche Sankt Martin gegenüber ist eine Wehrkirche; ihre ältesten Teile stammen aus der Zeit um 1300. Sie umgibt eine bis zu zwei Meter starke Schutzmauer. Die Kirche wurde um 1510 erweitert, mehrmals zerstört und wieder aufgebaut, sodass wir heute das frühgotische Kreuzrippengewölbe im Chor bestaunen können. Geschmückt ist der Raum mit Gemälden aus dem 14. und 15. Jahrhundert. Erwähnenswert: die Vesperglocke, die geschätzte 750 Jahre alt ist und der Sage nach zu Kaiser Rotbarts Tod geläutet haben soll.

Seit der 1000-Jahr-Feier im Jahr 1992 findet in Dörrenbach alljährlich im Sommer ein großes Fest statt, bei dem eine junge Dame zum »Dornröschen« gekürt wird und anschließend für zwei Jahre den Ort repräsentiert, der zu Recht den Beinamen »Dornröschen der Pfalz« trägt.

Schloss in Bad Bergzabern

DAS TOR ZUR PFALZ

Im Süden beginnt die Deutsche Weinstraße am Deutschen Weintor im Schweigener Ortsteil **Rechtenbach** 12 nahe der Grenze zum Elsass. Die touristische Straße verbindet seit 1935 auf einer Länge von 85 Kilometern zahlreiche charmante Dörfer und Städte entlang der Pfälzer Weinberge. Das Deutsche Weintor ist eines der Wahrzeichen der Pfalz – man kann es täglich von 10 bis 17.30 Uhr besteigen. Angeschlossen sind Restaurant, Vinothek und Tourist-Information.

Ein Grenzlandbähnchen verkehrt sommers im gemächlichen Tempo zwischen Schweigen-Rechtenbach und dem französischen Wissembourg. Es gibt im Ort auch einen Weinlehrpfad – interessant dabei: Der bekannteste unter den Pfälzer Weinen ist der Riesling, und an der Südlichen Weinstraße überwiegen die Rebsorten Grau-, Weiß- und Spätburgunder.

Tag 6

UNEINNEHMBARE FELSENBURG

Vom Naturcampingplatz am Berwartstein in **Erlenbach** 13 spazieren wir gemütlich zur Burg Berwartstein, einer Raubritterburg mitten im Wald, die nicht nur heranwachsende Jungs begeistern wird. In ihr residierten die Heerführer der Kurpfälzischen Streitkräfte. Sie wurde nie zerstört und ist bis heute bewohnt. Dennoch kann die Burg mitsamt ihren dunklen Verliesen im Rahmen von Führungen und Veranstaltungen besucht werden.

Ein Muss nicht nur für Mittelalter-Fans ist der Aufstieg und die (kostenlose) Besichtigung der Dahner Burgengruppe, die sich über dem Luftkurort Dahn erhebt. Sie besteht aus den drei Felsenburgen Altdahn, Grafendahn und Tanstein, erstreckt sich über fünf hohe Buntsandsteinfelsen und bildet mit einer Länge von 200 Metern eine der größten Burganlagen in der Pfalz. Altdahn (13. Jh.) ist durch einen Felsspalt von Grafendahn getrennt. Tanstein im Westen ist die älteste Burg, worauf das Mauerwerk aus frühstaufischer Zeit hindeutet. Die Ruinen sind durch schmale Wege, Treppen und Brücken miteinander verbunden, und das Rumkraxeln dort macht nicht nur Kindern Spaß: Profi- und Amateur-Kletterer finden an den verwitterten Sandsteinfelsen im Dahner Felsenland hervorragende Trainingsmöglichkeiten. Mountainbiker nutzen indes gern das Streckenangebot des Mountainbikeparks Pfälzerwald: Es umfasst 20 anspruchsvolle Parcours mit einer Gesamtlänge von über 900 Kilometern (mountainbikepark-pfaelzerwald.de).

Ausflugsziel Dahner Burgengruppe

Tag 7

FÜSSE HOCHLEGEN

Wildromantisch schlängelt sich der Schwarzbach im Landkreis Südwestpfalz durch den Pfälzer Wald. Er durchfließt dabei auch das Gelände des großen Campingplatzes am Clausensee in **Waldfischbach-Burgalben** (14). Der Clausensee ist, umrahmt von dichten Wäldern und sanften Höhenrücken, ein Paradies für Naturliebhaber und Erholungssuchende und lädt uns zum Abschluss unserer Tour für ein paar Extra-Tage zum Verweilen und Entspannen ein. Sein kristallklares Wasser verspricht jede Menge Badespaß, während die umliegenden Wanderwege sich für ausgedehnte Touren empfehlen. Ein Wohnmobilstellplatz und eine Seegaststätte mit Biergarten runden das Urlaubsvergnügen ab.

Die südliche Pfalz ist eine jener seltenen Regionen, wo Genuss, Natur und Kultur harmonisch miteinander verschmelzen. Ob man die Weine verkostet, durch die lieblichen Weingärten wandert oder die vielfältigen Sehenswürdigkeiten erkundet – hier findet jeder etwas, um die Seele baumeln und den Alltag weit hinter sich zu lassen.

Camping- und Stellplätze

Stellplatz am Technikmuseum
Am Technik Museum 1, 67346 Speyer,
Tel. 06232/671 00, hotel-speyer.de
GPS: 49.311447, 8.450172
117 Stellplätze mit Duschen und WCs in Zentrumsnähe

Knaus Campingpark
In den Almen 1, 67098 Bad Dürkheim,
Tel. 06322/613 56, knauscamp.de
GPS: 49.473611, 8.191666
Campingplatz am 4 ha großen Badesee

Weingut Schreieck
Friedhofstraße 8, 67487 St. Martin,
Tel. 06323/54 15, schreieck-wein.de
GPS: 49.30003, 8.10587
Komfortstellplatz am Beginn des Pfälzer Walds

Campen in der Natur in Erlenbach

Camping mit Stellplatz im Klingbachtal
Klingener Straße 52, 76831 Billigheim-Ingenheim, Tel. 06349/61 45,
camping-klingbachtal.de
GPS: 49.13731, 8.07182
Gepflegte Anlage neben dem Freibad

Naturcampingplatz am Berwartstein
Im Laichfeld 1, 76891 Erlenbach bei Dahn,
Tel. 0173/684 45 32,
naturcampingplatz-berwartstein.de
GPS: 49.102803, 7.864384
Solider Platz auf einer Waldlichtung mit See in Gehweite

Stellplatz Weingut Schreieck

Camping Clausensee
Schwarzbachstraße, 67714 Waldfischbach-Burgalben, Tel. 06333/57 44,
campingclausensee.de
GPS: 49.275278, 7.720833
Komfortabler Campingplatz mit Stellplatz am Badesee

Bergstraße und Odenwald

Mystisch und exotisch

Sachen gibt's! Wer würde ein Drachenmuseum und ein Elfenbeinmuseum im Odenwald vermuten?

TOURENLÄNGE
138 Kilometer

START UND ZIEL
Von Ladenburg nach Buchen-Eberstadt

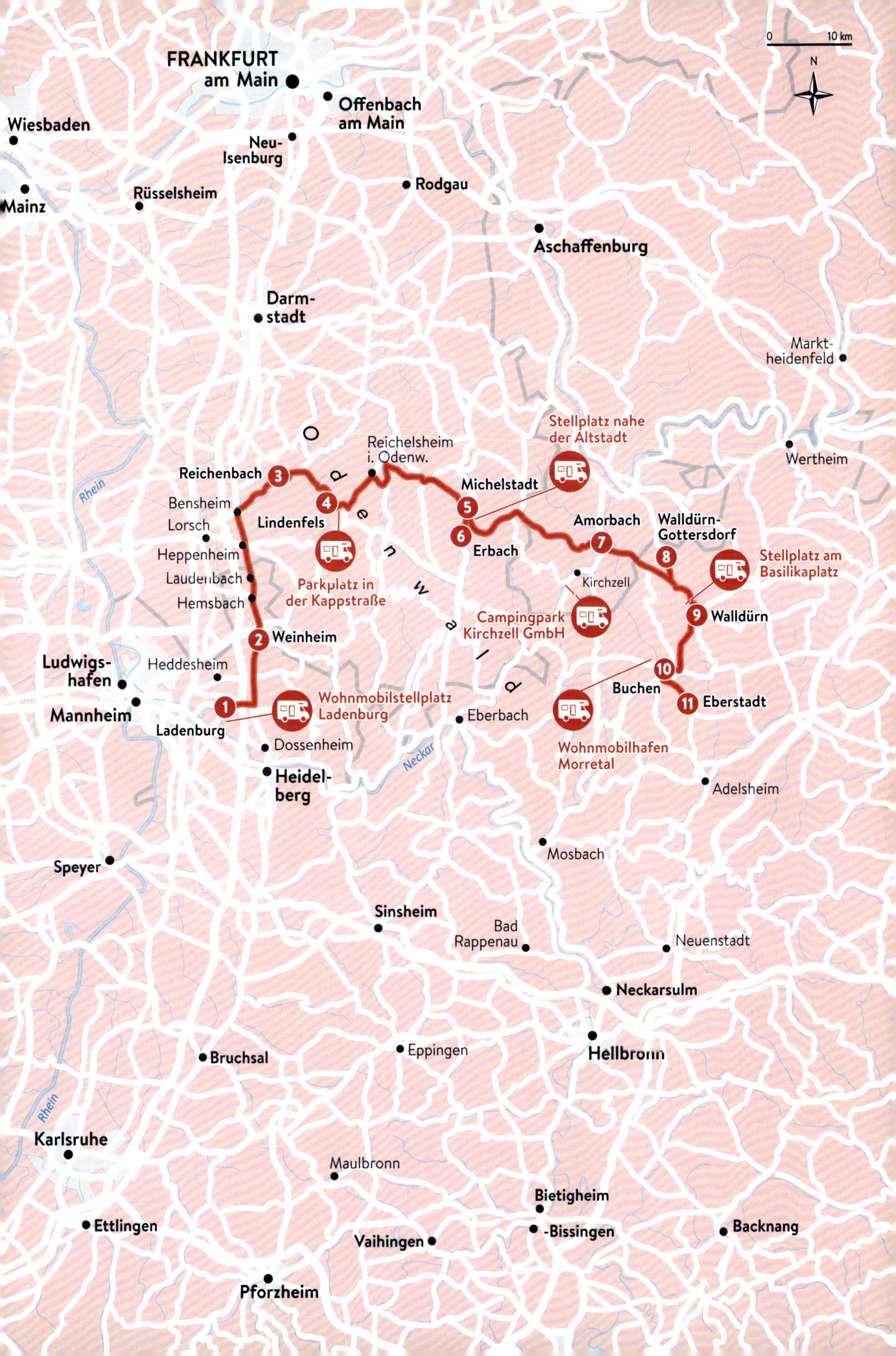

0
10 km
N
FRANKFURT am Main
Offenbach am Main
Wiesbaden
Neu-Isenburg
Mainz
Rüsselsheim
Rodgau
Aschaffenburg
Darm-stadt
Markt-heidenfeld
Wertheim
Odenwald
Rhein
Reichelsheim i. Odenw.
Stellplatz nahe der Altstadt
Reichenbach
Bensheim
Lorsch
Heppenheim
Laudenbach
Hemsbach
Lindenfels
Parkplatz in der Kappstraße
Michelstadt
Erbach
Amorbach
Walldürn-Gottersdorf
Stellplatz am Basilikaplatz
Kirchzell
Campingpark Kirchzell GmbH
Walldürn
Weinheim
Ludwigs-hafen
Heddesheim
Mannheim
Ladenburg
Wohnmobilstellplatz Ladenburg
Buchen
Eberstadt
Eberbach
Wohnmobilhafen Morretal
Dossenheim
Heidel-berg
Neckar
Adelsheim
Speyer
Mosbach
Sinsheim
Bad Rappenau
Neuenstadt
Neckarsulm
Heilbronn
Bruchsal
Eppingen
Rhein
Karlsruhe
Maulbronn
Bietigheim-Bissingen
Ettlingen
Vaihingen
Backnang
Pforzheim

5

Eine Ode an den Wald

Wo die Helden einst zur Jagd gingen

Bunte Streuobstwiesen, dunkler Wald und tiefe Täler prägen das Landschaftsbild im Odenwald. Besonders malerisch zeigt es sich im Spätsommer, wenn Frühnebel über die goldenen Hänge streicht. Niemand weiß, woher der Name des Mittelgebirges stammt, das sich im Nordosten des Oberrheingrabens erhebt – vielleicht von »Ode« oder von »Odins Wald«?

Tag 1

FAST WIE IM ALTEN ROM

Die Geschichte der Stadt **Ladenburg** 1 beginnt deutlich früher, als es die zahlreichen mittelalterlichen Häuser sowie die Bauwerke späterer Epochen im historischen Zentrum erahnen lassen: Um 200 vor unserer Zeitrechnung ließen sich die Kelten an dieser Stelle am rechten Neckarufer in der Rheinebene nieder – sie zogen damals von ihrem Sitz auf dem Heiligenberg bei Heidelberg hierher. Rund 250 Jahre später begannen die Römer den Ort, den sie Lopodunum tauften, zu vergrößern, u. a. durch die Ansiedlung von suebischen Neckargermanen. Im Jahr 98 erhob Kaiser Trajan die Siedlung zur Stadt, die sich daraufhin zu einem wichtigen Handelsplatz entwickelte. Ausgegrabene Mauerreste belegen, dass ein Befestigungswall das römische Forum umgab. Es verfügte über einen Markt, einen Tempel und ein Theater sowie über Paläste und Badeanstalten.

Archäologische Fundstücke zeigt das Lobdengau-Museum im Bischofshof. Das

Tag 1	Tag 2	Tag 3		Tag 4		Tag 5	
1 Ladenburg Km 0	2 Weinheim Km 12	3 Reichenbach Km 39	4 Lindenfels Km 49	5 Michelstadt Km 75	6 Erbach Km 79	7 Amorbach Km 103	8 Walldürn-Gottersdorf Km 113

Ladenburg: erst mal Pause

Museumsgebäude stammt aus 16. Jahrhundert; es war ein Nebensitz der Bischöfe von Worms. Auffällig ist seine Fassadenbemalung im Stil der Spätrenaissance. Davor prangt die Kopie einer Jupitersäule, die man 1973 in einem römischen Steinbrunnen fand. Die Römer gaben die Stadt im 5. Jahrhundert auf. Ihnen folgten die Merowinger, die im Jahr 469 einen Königshof errichteten; die neuen Bewohner nannten ihre Stadt Lobdenburg. Im 7. Jahrhundert ging sie an das Bistum Worms, und ab dem 14. Jahrhundert übernahmen die Pfälzer Kurfürsten die Regierungsgeschäfte. Als zur gleichen Zeit die Wormser ihren Bischof vertrieben, baute man Ladenburg zum Bischofssitz aus. In jenen Jahren erhielt die Sankt-Gallus-Kirche ihren zweiten Turm, um die Bischofswürde herauszustellen; die Türme überragen bis heute die Dächer der Altstadt. Das Kircheninnere birgt eine sehenswerte romanische Krypta. Ladenburg überstand glimpflich alle Kriege.

BEI NACHT

Wer das alte Ladenburg aus einem anderen Blickwinkel betrachten möchte, nimmt am besten an der einstündigen Stadtführung »Mit dem Torwächter durch das nächtliche Ladenburg« teil (Termine im Frühjahr und im Herbst, ladenburg.de).

Das Altstadtensemble rund um den Marktplatz und Bauten wie Martinstor oder Hexenturm – beide um 1250 erbaut –

Tag 6 → *Tag 7*

9 Walldürn Km 122

10 Buchen Km 131

11 Eberstadt Km 138

Weinheim an der sonnigen Bergstraße

locken viele Besucher an. Zu den neuzeitlichen Attraktionen gehört das Automobilmuseum Dr. Carl Benz; dieser lebte mit seiner nicht minder berühmten Frau Bertha ab 1904 bis zu seinem Tod 1929 in Ladenburg. Wichtigstes Ausstellungsstück ist erwartungsgemäß das erste Auto der Welt, darüber hinaus gibt es noch weitere Oldtimer zu bestaunen. Ladenburgs prämierte Grünanlagen, Grüner Ring genannt, entstanden, als die Stadt Anfang der Nullerjahre ihre Freizeitbereiche in den Randzonen und auf den Neckarwiesen mit Spiel-, Wasser- und Wiesenflächen neu anlegte.

Tag 2

MEDITERRANES FLAIR

Die Stadt **Weinheim** 2 zeichnet sich u. a. durch ihr mildes Klima aus: An keinem Ort an der Bergstraße dürften die ersten lauen Abende im Jahr mehr Vergnügen bereiten als in einem der gemütlichen Restaurants oder Straßencafés auf dem Marktplatz unter japanischen Schnurbäumen. In der warmen Jahreszeit herrscht um diesen herum Abend für Abend eine ausgesprochen südländische Atmosphäre. Dank der bevorzugten Lage, windgeschützt an der sonnenbeschienenen

Westflanke des Odenwalds, beginnt der Frühling an der Bergstraße schon dann, wenn in anderen Regionen noch kein grüner Trieb zu sehen ist. Auf den Äckern und in den Gärten ringsum blühen im März die Mandelbäume, und kurz darauf öffnen Forsythien, Magnolien und Zierkirschen ihre zarten Knospen. Auch zwischen den Reben bleibt kaum ein Fleck ohne die bunten Frühjahrsblüher, zudem gedeiht der Wein bei bis zu 1700 Sonnenstunden im Jahr ganz hervorragend. Prominente Feingeister und Literaten priesen als Erste vor über 250 Jahren diesen lieblichen Landstrich zwischen Darmstadt und Heidelberg. Anno 1764 soll der Habsburger Kaiser Joseph II. nach seiner Krönung in Frankfurt auf der Rückreise nach Wien beim Anblick der üppigen Natur entzückt ausgerufen haben: »Hier fängt Deutschland an, Italien zu werden!«

Unweit des ehemaligen Schlosses der Freiherren von Berckheim und der verwinkelten Altstadt laden aufwendig gestaltete Landschaftsgärten – man bezeichnet sie als Grüne Meilen – zur Erholung und zu spannenden Erkundungsgängen ein. Subtropische Gehölze sind im milden Klima zu imposanten Baumriesen herangewachsen, wobei die größte Libanonzeder Deutschlands am Eingang zum Schlosspark wächst. Daneben besteht im benachbarten Exotenwald die Gelegenheit, auf beschilderten Rundwegen 18 unterschiedliche Waldregionen der Erde gemütlich zu durchwandern und dabei rund 140 verschiedene Baumarten zu bewundern, darunter über 55 Meter hohe Mammutbäume aus Nordamerika. Der 1872 von Christian Freiherr von Berckheim gegründete Forst steht seit 1955 unter der Pflege des Landes Baden-Württemberg, das mit jährlichen Neuanpflanzungen die Artenvielfalt vorantreibt. Tipps für die Gestaltung der heimischen Beete zeigt indes der Hermannshof, ein 2,2 Hektar großer Schau- und Sichtungsgarten. Alle genannten Anlagen sind kostenfrei zu besichtigen.

Ebenfalls nur ein paar Schritte vom Marktplatz entfernt, erstreckt sich das alte Gerberviertel mit seinen urtümlichen

Streifzug durch die malerische Altstadt

Gassen. Der Gerberbach taucht 1381 zum ersten Mal in der Stadtchronik auf, und Häuser wie Gerbergasse 3 oder 14 und Münzgasse 8 zeugen noch vom alten Handwerk. Am Gebäude Münzgasse 13 fällt jedes Jahr Anfang August der Startschuss zur Weinheimer Kerwe, einem der größten Volksfeste an der Bergstraße.

RÖMISCH-DEUTSCHER KAISER

Die Stadt wurde 775 im Lorscher Codex erstmals erwähnt. Das Wort »Wino«, das in ihrem Namen steckt, stammt aus dem Althochdeutschen – es steht nicht für Wein, der ringsherum in den Kellern reift, sondern für Freund. Im Jahr 1000 gab Kaiser Otto III. der Stadt das Marktrecht. Anfang des 12. Jahrhunderts wurde Burg Windeck auf dem 222 Meter hohen Schlossberg errichtet; sie diente dem Schutz des Klosters Lorsch. Historiker gehen davon aus, dass aus jener Zeit die Untergeschosse des Wohnturms im Süden der Anlage stammen. Die übrigen Mauerteile entstanden vermutlich im 14. Jahrhundert. Die Burg wurde in den folgenden Jahrhunderten durch Kriege beschädigt und verfiel. Einst umgab sie ein ovaler Mauerring, und neben dem Wohnturm befand sich ein vierstöckiges Gebäude, von dem der Keller und eine Wand erhalten sind. In der ersten Etage sind noch drei restaurierte Kreuzstockfenster und ein Erker zu sehen. Im Nordosten der Anlage steht ein weiterer Turm mit Verlies und Wächterkammer. Im ehemaligen Stall neben dem Brunnen lädt heute ein Kiosk mit schönen Sitzplätzen im Freien zum Verweilen ein. Der Biergarten ist zwischen Mai und September bei schönem Wetter von Mittwoch bis Freitag und sonntags geöffnet. An Samstagen finden auf der Burg häufig geschlossene Veranstaltungen wie Hochzeiten statt (burgruinewindeck.de).

Schaugarten Hermannshof

Vom Weinheimer Gebiet führt ein Wanderweg durch das Sechs-Mühlen-Tal im hessischen Teil des Odenwalds. Am Flüsschen Weschnitz, das in Hammelbach entspringt und Weinheim passiert, wurde früher Getreide gemahlen oder Strom erzeugt – die Hildebrand'sche Untere Mühle, erbaut 1908, liefert bis heute saubere Energie (sechs-muehlen-tal.de).

Als schönster Badesee in der Gegend gilt der stadtnahe Waidsee, der sich wunderbar zum Segeln und Surfen eignet. Ein weiterer Magnet dort: das Erlebnisbad Miramar, wo Wohnmobilfahrer auf dem Parkplatz Stellplätze für eine Übernachtung vorfinden.

Tag 3

RIESENSTREIT

Die Nibelungenstraße, die wir in Bensheim erreichen, ist eine 110 Kilometer lange deutsche Ferienstraße, die in den 1990er-Jahren entstand. Sie verläuft von Worms in der Oberrheinebene durch den mittleren Odenwald bis nach Wertheim am Main. Wichtige Stationen am Weg sind u. a. die Gemeinden Lautertal, Lindenfels, Michelstadt, Erbach und Amorbach.

Das Felsenmeer im Lautertaler Ortsteil **Reichenbach** 3 ist ohne Frage das eindrucksvollste Naturdenkmal im Odenwald. Es bildet ein beinahe ein Kilometer langes, bis zu 70 Meter breites Band aus teils riesigen übereinanderliegenden runden Gesteinsbrocken. Dieses zieht sich von der Spitze des Felsenbergs bis hinunter zum Dorf. Entstanden ist das Felsenmeer durch einen Verwitterungsprozess von Gesteinsmaterial, das über Jahrmillionen hinweg aus dem Erdinneren hervortrat, angetrieben vom Wechsel der Eiszeiten und Warmperioden. Geologen bezeichnen diesen Vorgang als Wollsackverwitterung. Die Felsen erinnern an monumentale Kieselsteine. Sie bestehen aus Quarzdiorit, einem Tiefengestein, das sich u. a. aus den Mineralien Feldspat und Quarz zusammensetzt. Die Steine sind ähnlich hart wie Granitsteine, weisen aber andere Spalteigenschaften auf. Ihre Bearbeitung ist kompliziert und verlangt ein hohes Maß an handwerklichem Können. Römische Steinmetze nutzten das Felsenmeer als Steinbruch und hinterließen rund 300 unvollendete Werke ihrer Kunst, darunter eine 9,30 Meter lange und 27 Tonnen schwere Säule. Nach dem Abzug der Römer aus dem Odenwald geriet das Wissen um die Steinbearbeitung mit Eisenkeilen in Vergessenheit. Im 19. Jahrhundert entdeckten Steinmetze aus Böhmen das Gesteinsvorkommen neu, siedelten nach Lautertal über und begannen mit dem Abbau. Die Steinindustrie entwickelte sich daraufhin zu einem der bedeutendsten Wirtschaftszweige in der Region – bis zu ihrem Niedergang in den 1960er-Jahren.

Einst sahen die Leute die Entstehung des Felsenmeers übrigens anders: Demnach lebten in grauer Vorzeit zwei Riesen in der Gegend, die in einen heftigen Streit gerieten und sich gegenseitig mit Felsbrocken bewarfen; der auf dem benachbarten Hohenstein ansässige Riese verfügte über mehr Wurfmaterial und begrub damit den anderen Riesen auf dem Felsenberg – wenn es still ist und man ein Ohr an die Steine legt, hört man angeblich den Armen bis heute im Untergrund stöhnen. In Wirklichkeit aber fließt unter den Felsen ein rauschendes Bächlein.

Das Felsenmeer in Reichenbach

GUTE DRACHEN, BÖSE DRACHEN

Die berühmtesten Verse über den Odenwald enthält das Nibelungenlied. Wanderfreudige Reisende mit Wohnmobil, die sich auf die Spuren des Drachentöters Siegfried begeben möchten, starten ihre Touren am besten auf dem Stellplatz in **Lindenfels** 4 mit Blick auf die Burgruine. Der Kurort ist ein beliebtes Etappenziel am Nibelungensteig. Dieser Fernweg verläuft quer über die abwechslungsreichen Höhen der Bergstraße bis an den Main und passiert dabei u. a. den Siegfriedbrunnen bei Gras-Ellenbach, jene legendäre Stelle, an der angeblich der Recke hinterrücks gemeuchelt wurde. Oder geschah womöglich die Tat woanders, etwa am Brunnen bei Reichenbach am Fuß des Felsenmeers? Drei weitere Gemeinden in der Region pochen ebenfalls darauf, dass ihre Quelle der Schauplatz der Tragödie ist.

Die Ruine der ehemals mächtigen Burg Lindenfels erhebt sich auf 400 Metern Höhe am Rand der Altstadt; von ihren Mauerresten hat man nach Süden hin einen wunderbaren Blick auf das bereits erwähnte Weschnitztal. Erbaut wurde die Burg im 12. Jahrhundert von den Freiherren von Lindenfels. Sie war anfangs ein wichtiger Kurpfälzer Verteidigungsposten, doch nachdem die Siedlung zu ihren Füßen im 15. Jahrhundert zu einer Verwaltungsstadt herangewachsen war, benötigte man keine Festung mehr. Die Burg wurde 300 Jahre später aufgegeben und teilweise abgerissen. Die bis zu zwölf Meter hohe Ringmauer ist am besten erhalten; sie bietet eine herrliche Kulisse für Veranstaltungen wie Klassikkonzerte.

Das Deutsche Drachenmuseum präsentiert im nahe gelegenen historischen Haus Baureneck eine bunte Sammlung an Exponaten, welche die Entstehung und Verbreitung des Drachen-Mythos erklärt. Der Bereich »Drachen des Ostens« widmet sich dem fernöstlichen Fabelwesen, das Glück und Wohlstand bescheren und vor bösen Geistern schützen soll. In der Abteilung »Drachen des Westens« bietet sich ein anderes Bild: Der Drache besitzt in unserer Kultur den Ruf eines bösartigen, feuerspeienden Untiers, das den Menschen Unheil bringt. Eine Ursache dafür liegt womöglich in der Bibel, wo beschrieben ist, wie der Erzengel Michael mit dem Ungeheuer kämpft (deutsches-drachenmuseum.de).

Tag 4

EINZIGARTIGES FACHWERKJUWEL

Eine der schönsten Altstädte in Südhessen zeichnet **Michelstadt** 5 aus. Das Mittelalter begleitet uns hier auf Schritt und Tritt – egal, welche der unzähligen verwinkelten Gassen wir durchstreifen. Die Attraktion schlechthin ist das Alte Rathaus, erbaut im Jahr 1484, mit seinen spitzen Dachtürmen im gotischen Stil und den mächtigen Eichenbalken, die das Obergeschoss stützen und dabei eine offene Halle bilden – in dieser tagte früher das Zentgericht. Den schönsten Blick auf das Rathaus genießt man vom Marktbrunnen aus dem 16. Jahrhundert; die Spitze der Brunnensäule schmückt eine Figur des Erzengels Michael, des Schutzpatrons der Stadt, ausgerüstet mit Flammenschwert und Seelenwaage. Der monumentale Löwenhof (1755) auf der linken Seite ist eines der wenigen Gebäude am Marktplatz, das nicht aus Fachwerk besteht: Der Barockbau diente einst als Postkutschenstation.

Hinter dem Rathaus lugt der Turm der evangelischen Stadtkirche hervor; bemerkenswert in ihrem Inneren sind die vielen Gedenktafeln aus Sandstein. Von der Kirche sind es nur wenige Schritte bis zum Innenhof der Kellerei, der ehemaligen Michelstädter Burg, die das Stadtmuseum beherbergt. Ein Steg führt über den Burggraben in einen Park, der einen wunderbaren Blick auf die Burg und den Diebsturm eröffnet. Der runde Eckturm diente über Jahrhunderte hinweg als Stadtgefängnis.

MITBRINGSEL AUS AFRIKA

Franz I. Graf zu Erbach-Erbach (1754–1823) ist es zu verdanken, dass sich die Stadt **Erbach** 6 unter seiner Regierungszeit zur Hochburg der Elfenbeinschnitzerei entwickelte. Der Vielreisende kehrte nicht nur als Erster mit einem Elefantenstoßzahn aus fernen Landen in den Odenwald zurück, sondern auch mit dem Wissen, wie man das Material zu Kunstwerken verarbeitet. Die Drechsler im Ort schnitzten von da an begeistert Tag und Nacht, denn ihre filigranen Werke fanden in den betuchten Kreisen viele Käufer. Nachschub aus Afrika gab es reichlich: Die Kolonialmächte importierten damals jährlich rund 900 Tonnen Elfenbein nach Europa. Auf der Weltausstellung 1873 in Wien erhielten Elfenbeinschnitzer aus Erbach und dem benachbarten Michelstadt eine Auszeichnung für eine außerordentlich fein gearbeitete Rose – die »Erbacher Rose« wurde anschließend zum Verkaufsschlager. Die wenigen verbliebenen Schnitzer arbeiten heute nicht mehr mit Elefantenelfenbein, der Handel damit ist seit 1989 verboten. Sie verwenden entweder die Fossilien des ausgestorbenen Mammuts, die der tauende Permafrost in Sibirien freigelegt hat, oder

Sportlich unterwegs an der Bergstraße

Ruine der einst mächtigen Burg Lindenfels

pflanzliches Elfenbein aus der südamerikanischen Steinnuss, bekannt auch unter dem Namen Taguanuss. Das im Jahr 1966 gegründete Deutsche Elfenbeinmuseum zog 2016 mit seinen rund 3000 Ausstellungsstücken ins Erbacher Schloss. Die gräflichen Sammlungen bestehen daneben aus antiken Büsten und Hirschgeweihen – für die Menschen im ausgehenden 18. Jahrhundert stellten Geweihe keine Jagdtrophäen dar, sondern von der Natur geschaffene Kunstwerke.

ABER BITTE MIT SAHNE!

In der Braunstraße reihen sich weitere Fachwerkschätze aneinander, darunter die Nummer 11, verziert mit Märchenfiguren, und Nummer 17, wo das Café Siefert insbesondere die Liebhaber feiner Torten anlockt. Konditor Bernd Siefert gewann mit seinen süßen Kreationen über 30 Goldmedaillen, dazu Titel wie »Weltkonditor des Jahres« und »Weltmeister der Konditoren«. Michelstadt entwickelte sich aus einer der ältesten Siedlungen im inneren Odenwald – erstmals urkundlich erwähnt im Jahr 741. Das fränkische Königsgut trug damals den Namen Michlinstat. Der Hausmeier Karlmann schenkte es dem Benediktiner Burkard, der ein Jahr später zum ersten Bischof Würzburgs ernannt wurde. (Als Hausmeier bezeichnete man im Fränkischen Reich den Vorstand der königlichen Hofhaltung.) Nach dem Tod Burkards ging der Ort an den fränkischen König zurück, später übernahm das Kloster Lorsch den Besitz. Seit Mitte des 19. Jahrhunderts gehörte Michelstadt zur Grafschaft Erbach-Fürstenau. Weitere Details zur Geschichte hält das Stadtmuseum bereit.

Die Einhardsbasilika im Ortsteil Steinbach ist weder groß noch prunkvoll und dennoch mit ihren glatten Mauern aus rotem Sandstein eine Schönheit. Sie wurde vor rund 1200 Jahren gebaut und zählt zusammen mit der Torhalle in Lorsch, der Pfalzkapelle, dem Granusturm in Aachen und der Basilika in Seligenstadt zum kleinen Kreis von gut erhaltenen Bauzeugnissen aus Karolingischer Zeit. Wir steigen hinab in die geheimnisvolle Krypta unter dem Chor, wo Einhard, der Berater und Gesandte Karls des Großen, die letzte Ruhe für sich und seine Frau Imma vorgesehen hatte. Bestattet wurden beide aber in Seligenstadt – warum, ist nicht bekannt.

Tag 5

ANZIEHUNGSPUNKT FÜR MUSIKFREUNDE

Am Südzipfel der Region Untermain liegt eingerahmt von dichten Wäldern das verträumte Städtchen **Amorbach** 7 mit seiner 1300-jährigen Geschichte. Bischof

Sankt Pirmin und sein Schüler Amor sollen der Legende nach den Ort um das Jahr 720 gegründet haben. Ab 1272 gehörte er zum Erzstift Mainz. Das Wahrzeichen von Amorbach ist die ehemalige, im 18. Jahrhundert umgestaltete Klosterkirche mit ihren beiden gewaltigen Vierecktürmen. Sie bilden einen ausgeprägten Kontrast zu den barocken Stilelementen an der Hauptfassade. Im Inneren überwiegt die verspielte Ornamentik des Rokoko, und unser Blick fällt auf die zahlreichen farbenfrohen Deckengemälde. Beachtenswert: der 1750 vollendete Hochaltar mit seinen sechs Marmorsäulen. Das Altarbild schuf der Augsburger Maler Matthäus Günther (1705–1788); es schildert die Himmelfahrt Marias. Größte Attraktion des Gotteshauses aber ist die Orgel, eine der größten Barockorgeln in Europa. Das berühmte Instrument der Brüder Philipp und Heinrich Stumm aus dem Hunsrück verfügt über sage und schreibe 5116 Pfeifen und 66 Register. Bei den Sonntagsführungen um 16 Uhr und bei den regelmäßig an hohen Feiertagen stattfindenden Konzerten kann man ihren himmlischen Klang erleben.

Die beinahe ebenso imposante Stadtpfarrkirche Sankt Gangolf am Nordrand der Altstadt entstand Mitte des 18. Jahrhunderts nach den Plänen des Mainzer Architekten Maximilian von Welsch. Die wertvolle Innenausstattung ist wie die der Abteikirche von Barock, Rokoko und beginnendem Klassizismus geprägt. Das Deckenfresko mit Szenen aus dem Leben des heiligen Gangolf und des heiligen Sebastian schuf der Maler Johann Zick (1702–1762), der, nebenbei bemerkt, auch den Gartensaal in der Würzburger Residenz ausgestaltete.

Nüchtern dagegen präsentiert sich das Rathaus von 1478 am Marktplatz: Sein Obergeschoss ist mit Schiefer verkleidet. Einziger Schmuck ist der Dachreiter mit Zwiebelhaube auf dem Walmdach. Aus Dankbarkeit darüber, dass die französischen Truppen die Bevölkerung verschonten, ließen die Stadtoberen 1675 am Platz eine Mariensäule aus rotem Sandstein errichten. Die Madonna mit dem Jesuskind mit Krone, Zepter und Strahlenkranz ist vermutlich eine Arbeit des Miltenberger Bildhauers Franz Nagel.

Die historische Altstadt von Michelstadt

VOM GARTENPROFI GESTALTET

Weitere Höhepunkte der ehemaligen Klosteranlage finden sich im Konventbau, darunter der Grüne Saal, ein Konzertsaal im klassizistischen Stil – in Weiß und Grün gehalten –, und die Klosterbibliothek, die heute die Bibliothek des Fürsten zu Leiningen mit annähernd 30 000 Büchern in mehr als 100 Schränken beherbergt. Das schöne Deckenfresko von 1790 verkörpert sinnbildlich Weisheit, Tugend und Wissenschaft.

Das Odenwälder Freilichtmuseum

Um die außerhalb davon stehende Kapelle Amorsbrunn rankt sich die Legende, dass die Quelle, die darunter entspringt, gegen Kinderlosigkeit helfen solle. Sehenswert im Innenraum ist neben der Figur des Heiligen Amor auch der spätgotische Flügelaltar mit einer seltenen biblischen Darstellung – bezeichnet als »Spross aus der Wurzel des Stammvaters Jesse«. Edel speisen kann man im Übrigen im Restaurant Schafhof in der Nähe mit großem Parkplatz für Wohnmobile.

REGIONALES SUPERFOOD

Ein Besuch im Odenwälder Freilichtmuseum in **Walldürn-Gottersdorf** 8 gleicht einer Zeitreise in die ländliche Vergangenheit Süddeutschlands. Das Museum bietet einen authentischen Einblick in das bäuerliche Leben und die traditionelle Handwerkskunst der Region. Wir staunen über liebevoll restaurierte Gebäude aus verschiedenen Jahrhunderten, die nicht nur die Architektur, sondern auch die Lebensweise unserer Urgroßeltern widerspiegeln.

Damals wurde das Leben noch von den Rhythmen der Natur und der harten Arbeit auf den Feldern und in den Werkstätten bestimmt. Man kann alte, teils winzige Wohnhäuser, eine Schule, Scheunen, eine Mühle und eine Darre erkunden. Früher gab es in der Region viele Grünkerndarren – Grünkern ist eine Form von Dinkel, der unreif geerntet und anschließend getrocknet wird. Der Hintergrund ist, dass die Sommer früher im östlichen Odenwald und im angrenzenden Bauland oft kühl und nass waren und dass das Getreide daher nicht völlig ausreifen konnte. Die Dinkelkörner wurden im »milchreifen« Zustand geerntet, wenn das Korn also noch weich und saftig war, und anschließend in Darren von unten mit einer kontrollierten Feuerquelle erhitzt, um sie haltbar zu machen und ihnen das charakteristische Aroma zu verleihen. Das nussig schmeckende Korn wird dank moderner Trocknungsverfahren bis heute in der regionalen Küche verwendet, beispielsweise für Suppen oder Bratlinge. Grünkern, der als gesund gilt, erlebte in den letzten Jahren eine Renaissance, da immer mehr Menschen Wert auf regionale und traditionelle Lebensmittel legen.

Jedes Gebäude des Freilichtmuseums ist mit originalen Möbeln und Werkzeugen ausgestattet, die zeigen, wie die Menschen damals lebten und arbeiteten. Da einige Häuser aus den 1950er-Jahren stammen, darf man sich nicht wundern, wenn unerwartet Nierentisch und Elvis-Poster die gute Stube zieren. Das Museum bietet Vorführungen und Workshops an, in denen traditionelle Techniken wie Mostpressen, Brotbacken im Holzofen, Spinnen von Wolle oder das Schmieden von Eisen vorgeführt werden. Diese Elemente machen den Besuch besonders für Familien mit Kindern lehrreich und unterhaltsam (freilandmuseum.com).

Tag 6

MISSGESCHICK MIT FOLGEN

Alljährlich am Sonntag nach Pfingsten pilgern viele Gläubige nach **Walldürn** 9, um in der Wallfahrtskirche Sankt Georg das wundersame Blutbild zu feiern. Die Legende erzählt, dass der Priester Heinrich Otto 1330 aus Versehen den geweihten Kelch umstieß und der vergossene Wein das Bild des Gekreuzigten formte. Untersuchungen mit UV-Licht im Jahr 1950 sollen erneut diese Darstellung gezeigt haben (wallfahrt-wallduern.de). Die Basilika ist mit ihrer barocken Ausstattung, entstanden zwischen 1698 und 1728, auch ohne das vermeintliche Blutwunder ein beeindruckendes Beispiel sakraler Architektur.

Die ländlich geprägte Kleinstadt ist nebenbei bemerkt die Heimat von Silvia Neid, der ehemaligen Trainerin der deutschen Frauen-Fußballnationalmannschaft. Am Schalkbrunnen streckt ein Narr dem anderen die Zunge heraus, der ihm daraufhin Wasser in den Kragen spukt. Um »Waltdürn« herum hinterließen die Römer viele Spuren, etwa die Überreste des Kastells Haselburg in Rheinhardsachsen oder die eines Kastellbads bei Waldstetten. Beide verband der sogenannte Vordere Limes aus dem Jahr 160.

DEN ALLERWERTESTEN HOCH

Das liebenswerte, über 1200 Jahre alte Städtchen **Buchen** 10 bildet den wirtschaftlichen und kulturellen Mittelpunkt im sogenannten Madonnenländchen. Zum ersten Mal erwähnt wurde der Ort im Lorscher Codex im Jahr 773. Die ersten leitenden Herren waren die Benediktiner der Abtei in Amorbach. Ihnen folgten u. a. die Erzbischöfe von Mainz – ihre Herrschaft währte 500 Jahre – und das Fürstentum Leiningen. Die Stadt soll im Mittelalter derart reich gewesen sein, dass es möglich gewesen wäre, ihre Straßen mit Talern zu pflastern, was ihr den Beinamen »Talerstädtchen« einbrachte.

Ehemalige Klosterkirche in Amorbach

Im Bauernkrieg schrieb Buchen Geschichte: Anno 1525 wurde der fränkische Reichsritter Götz von Berlichingen in der damaligen Kurmainzischen Kellerei gegen seinen Willen zum Anführer der Aufständischen ernannt. Das Wahrzeichen der Stadt und des Madonnenländchens ist »Das Bild«, eine Mariensäule, die 1754 nach einer Pestepidemie vor dem Stadtturm aufgestellt wurde – das barocke Bildnis zeigt die Mutter Gottes mit Kind auf dem Arm.

Madonnenland oder Madonnenländchen ist die Bezeichnung für die Region, die sich im östlichen Odenwald bis an die Grenze zu Bayern erstreckt. Den kulturräumlichen Begriff schufen in den 1920er-Jahren der Volkskundler Hermann Eris Busse und der Heimat- und Mundartdichter Carl Reichert. Grund dafür: In diesem Gebiet sind ungewöhnlich viele jahrhundertealte Bildstöcke, Mariendarstellungen, Hausmadonnen und Mariensäulen erhalten geblieben. Der besagte Turm ist der einzig erhaltene von ursprünglich vier Tortürmen; man nennt ihn auch das Mainzer Tor. Er entstand ab 1309, sein barockes Zwiebeldach ist der Ersatz für das vormalige Dach, das beim Stadtbrand 1717 zerstört wurde.

Dahinter beginnt die Marktstraße, die zum Marktplatz mit dem Alten Rathaus (1723) aus rotem Sandstein führt. Das Vorgängergebäude fiel einem verheerenden Brand zum Opfer. Die spätbarocken Arkadenbögen und Zierelemente wie Neidköpfe und Fratzengesichter schuf die Bildhauerfamilie Raßberger aus Tirol. Über Treppen gelangt man zum Narrenbrunnen mit den Figuren Blecker und Huddelbätzen. Der Blecker, der seinen nackten Hintern in die Höhe streckt, ist das Symbol der Buchener Fastnacht oder vielmehr Buchemer Faschenacht mit 500-jähriger Tradition. Huddelbätzen heißen die Narren mit ihren aufwendigen Kostümen mit Spitzhut, zusammengenäht aus rund 2000 bunten Flecken. Wenn sie am Rosenmontag zu Hunderten durch die Gassen ziehen, erschallt aus allen Ecken laut der Narrenruf: »Hinne houch« (auf Hochdeutsch: Hinten hoch).

Jedes Jahr Anfang Mai lädt die Buchener Gastronomie zum »Jazz 'n' more Event« ein. Das etablierte Festival bietet heiße Liveacts verschiedener Musikrichtungen von Jazz über Latin und Soul bis zu Funk, gespielt von hochkarätigen Bands und Musikern in Bars und Gastwirtschaften (buchen.de).

Tag 7

FASZINIERENDE UNTERWELT

Der Buchener Stadtteil **Eberstadt** (11) erlaubt einen faszinierenden Einblick in die Buchener Unterwelt. In der Eberstadter Tropfsteinhöhle kann man die Gebilde in ihren bizarren Formen bestaunen; die ältesten sind vermutlich zwei Millionen Jahre alt. Durch das Zauberreich führt ein 600 Meter langer Besucherweg. Die Innentemperatur beträgt konstant 11 °C. Stationen auf der obligatorischen einstündigen Führung sind u. a. die »Weiße Frau von Eberstadt« und die »Große Familie«. Hauptattraktion ist die »Hochzeitstorte«, ein riesiger Tropfstein, der einer mehrstöckigen Torte ähnelt, die fast bis zur Decke reicht. Die Objekte sind stimmungsvoll mit farbigem Licht und umhüllt von sphärischen Klängen in Szene gesetzt. Entdeckt wurde die Höhle zufällig 1971 bei Sprengarbeiten in einem Muschelkalksteinbruch. Vor dem Eingang informiert ein Besucherzentrum multimedial über Entdeckung, Geschichte und geologische Grundlagen.

Zentrumsnah: Stellplatz Michelstadt

Camping- und Stellplätze

Wohnmobilstellplatz Ladenburg
Heidelberger Straße 56,
68526 Ladenburg,
Tel. 06203/961 96 55,
wohnmobilstellplatz-ladenburg.de
GPS: 49.46534, 8.61534
Gepflegtes Gelände in Altstadtnähe

Parkplatz in der Kappstraße,
64678 Lindenfels,
Tel. 06255/306 44, lindenfels.de
GPS: 49.68078, 8.78278
Ausgewiesenes Areal mit Blick auf die Burgruine

Stellplatz nahe der Altstadt
Wiesenweg, 64720 Michelstadt,
Tel. 06061/746 10, michelstadt.de
GPS: 49.679889, 9.001083
12 Stellplätze mit Ver- und Entsorgung auf Großparkplatz

Campingpark Kirchzell GmbH
Am Campingplatz 1, 63931 Kirchzell,
Tel. 09373/566,
campingpark-kirchzell.de
GPS: 49.606871, 9.159168
Gepflegte Anlage in ruhiger, waldreicher Umgebung

Stellplatz am Basilikaplatz
Miltenberger Straße, 74731 Walldürn,
Tel. 06282/671 06, wallduern.de
GPS: 49.586514, 9.367153
4 Stellplätze mit Service-Station in der Innenstadt

Wohnmobilhafen Morretal
Mühltalstraße 15, 74722 Buchen,
Tel. 06281/53 50, morretal.de
GPS: 49.528865, 9.310016
Außerorts gelegenes Wiesenareal am Waldschwimmbad

Wohnmobilhafen bei Buchen

Unteres Neckartal

Feuersalamander und Bergmolch

Die eindrucksvolle Margaretenschlucht in Neckargerach ist ein Refugium für seltene Tiere.

TOURENLÄNGE
88 Kilometer

START UND ZIEL
Von Heidelberg nach Neckarmühlbach

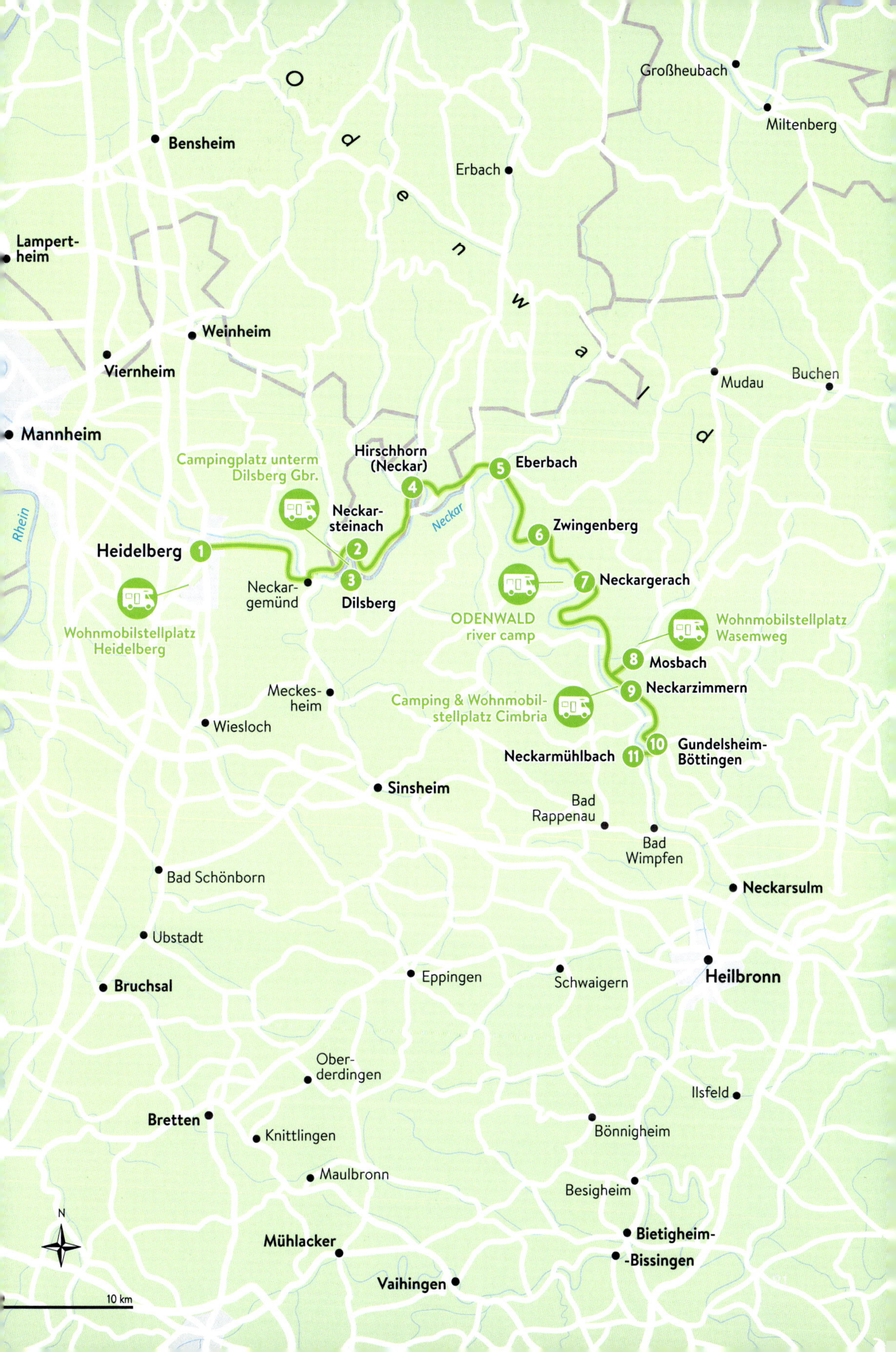
Odenwald
Großheubach
Miltenberg
Bensheim
Erbach
Lampert-
heim
Weinheim
Viernheim
Mudau
Buchen
Mannheim
Campingplatz unterm
Dilsberg Gbr.
Hirschhorn
(Neckar)
Eberbach
Rhein
Neckar-
steinach
Neckar
Heidelberg
Zwingenberg
Neckar-
gemünd
Dilsberg
Neckargerach
Wohnmobilstellplatz
Heidelberg
ODENWALD
river camp
Wohnmobilstellplatz
Wasemweg
Mosbach
Neckarzimmern
Meckes-
heim
Camping & Wohnmobil-
stellplatz Cimbria
Wiesloch
Gundelsheim-
Böttingen
Neckarmühlbach
Sinsheim
Bad
Rappenau
Bad
Wimpfen
Bad Schönborn
Neckarsulm
Ubstadt
Heilbronn
Bruchsal
Eppingen
Schwaigern
Ober-
derdingen
Ilsfeld
Bretten
Knittlingen
Bönnigheim
Maulbronn
Besigheim
N
Bietigheim-
-Bissingen
Mühlacker
Vaihingen
10 km

6

Auf den Spuren Mark Twains

Burgen am laufenden Band

Der Neckar an seinem Unterlauf schlängelt sich durch Wald und Wiesen, vorbei an Buntsandsteinhöhen und Muschelkalkhügeln. Schmucke Fachwerkstädte, imposante Burgen und wildromantische Schluchten begleiten ihn. Mark Twain faszinierten die Türme und Spitzen, während Carl Maria von Weber hier angeblich inspirierende Szenen für seine Oper »Der Freischütz« fand.

Tag 1

MEHR ALS EIN GLAS ZU VIEL

Zunächst also **Heidelberg** 1, die viel geliebte »Perle der Romantik«. Noch immer lässt die gewaltige Schlossruine über der Stadt erahnen, welcher Glanz und welche Pracht einst am kurpfälzischen Hof herrschten. Die pittoreske Kulisse ist dem Sonnenkönig zu verdanken, der das Schloss im Pfälzischen Erbfolgekrieg 1693 sprengen ließ. Zu den Attraktionen der Stadt gehört auch eines der größten Weinfässer der

Entlang der Neckarstaden

Tag 1 – Tag 2 – Tag 3

1	2	3	4	5	6	7
Heidelberg	Neckarsteinach	Dilsberg	Hirschhorn	Eberbach	Zwingenberg	Neckargerach
Km 0	Km 16	Km 26	Km 36	Km 46	Km 55	Km 58

Frühlingsboten am Leinpfad

Welt: Es fasst beeindruckende 221 726 Liter. Gern verbreiten die Gästeführer die Anekdote vom Hofnarren des Kurfürsten Karl Philipp, dem Zwerg Perkeo, der einen beachtlichen Teil des Fassinhalts ausgetrunken haben soll – Perkeo erhielt ob seiner Trinkfestigkeit die Stellung als kurfürstlicher Kellermeister. Das Schloss, eine Mischung aus gotischen und Renaissance-Architekturstilen, bietet u. a. von der Terrasse des Gartens einen weiten Ausblick über die Stadt und das Neckartal – wie auch der Philosophenweg auf der Neckarseite gegenüber, der obendrein eine großartige Sicht auf das Schloss gewährt. Der Name des Wegs erinnert an Dichter wie Hölderlin und Eichendorff, die hier einst wandelten. Trotz Bausünden aus der Nachkriegsära zählt Heidelberg zu den malerischsten

BERGFAHRT

Die Heidelberger Bergbahnen sind eine Kombination zweier historischer Standseilbahnen: die Molkenkurbahn, mit der man vom Kornmarkt zur Station Molkenkur gelangt, und die weiterführende Königstuhlbahn zum Aussichtsberg Königstuhl.

Das imposante Brückentor stammt aus dem Mittelalter.

Städten in Deutschland und zieht Besucher aus aller Welt an. Vom Neckar durchflossen und an den Hängen des Odenwalds gelegen, bietet die Stadt eine perfekte Mischung aus historischen Zeugnissen, akademischem Flair und lebendiger Kultur. Durch ihre engen Gassen zwischen hohen Häusern, barocken Gebäuden und der Alten Brücke über den Neckar fühlen wir uns wie in eine andere Zeit zurückversetzt. Der Marktplatz besticht mit seinem barocken Rathaus von 1701. Gegenüber steht die den Platz dominierende Heiliggeistkirche. Sie entstand aus einer Kapelle, die 1398 mit Sandstein aus der Region zur gotischen Hallenkirche ausgebaut wurde. Südlich von ihr steht das Haus zum Ritter von 1592, das älteste Haus der Stadt, mit seiner prunkvollen Renaissancefassade – es hat als einziges Gebäude alle Kriege unbeschadet überstanden.

Die Hauptstraße, eine der längsten Fußgängerzonen in Europa, säumen Boutiquen und Geschäften, die zum Stöbern, sowie Cafés und Restaurants, die zum Verweilen einladen. In einer Seitengasse gibt es sogar einen Buchladen, der sich ausschließlich auf Reiselektüre spezialisiert hat. Von der Nordseite der Heiliggeistkirche gelangen wir über die Steingasse hinunter zur Karl-Theodor-Brücke, die seit 1788 die Altstadt mit dem Stadtteil Neuenheim verbindet. Das Brückentor mit seinen mächtigen Türmen existiert bereits seit dem Mittelalter; es wurde seither immer wieder erweitert.

Heidelberg ist auch eine Stadt der Wissenschaften. Die Ruprecht-Karls-Universität, gegründet im Jahr 1386, ist die älteste Universität Deutschlands und eine der angesehensten in Europa. Die vielen jungen Menschen, die in der Stadt studieren, prägen maßgeblich das Stadtbild und sorgen für eine lebendige Atmosphäre, die zahlreiche Veranstaltungen und Festivals noch verstärken. Museen wie das Deutsche Apothekenmuseum, das Kurpfälzische Museum und das Carl Bosch Museum bereichern darüber hinaus das Kulturleben.

Über allem wacht die mächtige Ruine.

Tag 2

IM VIERERPACK

Östlich von Heidelberg beginnt der wohl schönste und spektakulärste Teil des Neckartals, angefangen bei **Neckarsteinach** 2, einer Stadt am Südzipfel Hessens, die für ihre vier mittelalterlichen Burgen berühmt ist. Diese bilden ein malerisches Ensemble, das deutschlandweit einzigartig ist. Auftraggeber waren die Herren von Steinach im 12. und 13. Jahrhundert. Vorder- und Mittelburg sind bewohnt und nicht zugänglich, die stattlichen Überreste von Hinterburg und Burg Schadeck – im Volksmund Schwalbennest genannt – kann man dagegen jederzeit frei besichtigen. Die Burgen reihen sich strategisch hintereinander auf einem Bergsporn, der eine lückenlose Sicht auf den herannahenden Feind ermöglichte. Ein großes Ereignis mit Volksfestcharakter ist die alljährlich im Sommer stattfindende Vierburgenbeleuchtung, wobei die Burgen gleichzeitig abends in festlichem Licht erstrahlen.

Die Mittelburg in Neckarsteinach

Ein weiteres Glanzstück der Stadt ist die spätgotische, heutige evangelische Kirche, erbaut 1483. Zum Abschluss dieser Etappe genießen wir einen wunderbaren Ausblick auf die Burgen und die Burgfeste Dilsberg gegenüber von der Mannheimer Hütte des Odenwaldclubs e. V.

Die Feste **Dilsberg** 3 erhebt sich weithin sichtbar auf einem 290 Meter hohen Berg, umgeben von einer weiten Neckarschleife. An der höchsten Stelle befindet sich die Ruine der alten Kernburg mit sechseckigem Treppenturm, ehemaligem Gewölbekeller und Brunnenstollen. Der amerikanische Schriftsteller Mark Twain fand den Ort »höchst wunderlich und malerisch gelegen«, als er 1878 zu ihm hinaufstieg. Die Burgfeste entstand in der zweiten Hälfte des 12. Jahrhunderts. Sie überstand seither etliche Kriege. Auch der Beschluss von 1823, die nicht mehr benötigte Festung abzureißen, wurde nicht umgesetzt. Twains Reiseerinnerungen »Bummel durch Europa« erschienen 1892 und lockten die ersten Touristen auf den Dilsberg. Der Autor schrieb des Weiteren von »Türmen, Spitzen und dicht gedrängten Dächern innerhalb des vollkommen runden Reifens der alten Stadtmauer«, dazu von »engen, krummen Gassen aus Kopfsteinpflaster«. An diesem Bild hat sich in den letzten eineinhalb Jahrhunderten nichts geändert.

NECKARIDYLLE PUR

In **Hirschhorn** 4 fällt der Blick als Erstes auf die gewaltige Schleusenanlage. Darüber erhebt sich die Altstadt malerisch an einem Hang, umrahmt von der gut erhaltenen Stadtmauer und gekrönt vom Schloss oben auf dem Berg. Wir schlüpfen durch das kleine Neckartor ins Ortsinnere mit seinen blumengeschmückten Fachwerkgassen. Schöne Details, wie etwa ein hölzernes Schiffsruder am »Haus des reichsten Fischers« oder filigrane Schnitzereien, zieren die Fassaden. Treppchen führen zu lauschigen, mit Efeu und Rosen umrankten Aussichtsplätzen. Besonders malerisch

Mit dem Fahrgastschiff nach Neckarsteinach

wirken die Häuser unmittelbar an der Stadtmauer beim Blauen Turm. Regelmäßig wiederkehrendes Hochwasser bestimmt seit jeher das Leben der Bewohner. Unter den vielen Hochwassermarken an der Stadtmauer ist die Marke von 1497 besonders bemerkenswert: Sie ist die älteste erhaltene in Süd- und Westdeutschland.

Nicht verpassen sollte man den Aufstieg über den Schafspfad hinauf zum Schloss. Man betritt die Anlage durch den Torbogen des Pförtnerhauses mit schmuckem hellblau-weißem Fachwerk. Von oben hat man einen großartigen Blick ins Tal. Friedrich Hölderlin ließ sich von diesem inspirieren – er schrieb: »In deinen Tälern wachte mein Herz mir auf zum Leben, so eine Flussaussicht ist ein wahrer Glücksmoment.« Die Kernburg aus dem 13. Jahrhundert wird zur Zeit saniert (Stand: April 2024). Bis zur Wiedereröffnung des Restaurantsbetriebs lädt bei schönem Wetter ein Bistro die Besucher zur Einkehr.

Sehenswert ist darüber hinaus im Ort der Torturm des alten Mitteltors von 1392, welcher der Pfarrkirche Zur Unbefleckten

Empfängnis Mariä (17. Jh.) als Kirchturm dient. Für den einstigen Wohlstand in der Stadt sorgte u. a. Hans V. von Hirschhorn, ein königlicher Gesandter von Ruprecht III. Zu seiner Zeit erhielt Hirschhorn das Marktrecht (1404). Das Adelsgeschlecht starb im Dreißigjährigen Krieg aus.

Das Langbeinmuseum gegenüber dem Rathaus zeigt die Naturalien- und Alterthümer-Sammlung des Hirschhorner Gastwirts Carl Langbein (1816–1881). Der Mann war sehr vielseitig talentiert: Er erforschte die Heimatgeschichte, stellte Tierpräparate her, restaurierte alte Möbel, sammelte Kunstgegenstände, Bücher u. v. m. Hier tritt u. a. auch Mark Twain wieder in Erscheinung, den Langbein eines Nachts kennenlernen durfte. Das Museum mit vielen sakralen und profanen Gegenständen, deren Alter bis in das 3. Jahrhundert zurückreicht, wurde mehrfach ausgezeichnet (museum-hirschhorn.de).

Burg Zwingenberg an der Neckartalstraße

Man sagt, dass die Kapelle im Stadtteil Ersheim auf der Neckarseite gegenüber älter sei als Hirschhorn. Ein Ort an dieser Stelle mit dem Namen »Erasam« wurde bereits 773 im Lorscher Codex erwähnt. Archäologische Funde legen nahe, dass die Gegend schon vor 6000 Jahren besiedelt war. Die Ersheimer Kapelle wird erstmals 1345 urkundlich genannt. Der Vorchor stammt aus jener Zeit, eindrucksvolle Fresken bedecken sein Kreuzrippengewölbe und die Wände – sie wurden erst in den 1960er-Jahren bei Restaurierungsarbeiten freigelegt. Das Gewölbe zieren menschliche Gestalten mit Tierköpfen, welche die Evangelisten versinnbildlichen. Die Kapelle birgt die Gräber vieler Herren von Hirschhorn.

Tag 3

FRÜHERE TÄTIGKEITEN

Vier lebensgroße Skulpturen erinnern am Neckarufer in **Eberbach** 5 an alte, fast vergessene Berufe, die doch einst für Eberbach und die Region charakteristisch waren: einen »Reifschneider«, eine »Rindenklopferin«, eine »Treidlergruppe« und einen »Steinhauer«. Entlang der Neckaranlagen zieht sich die dicht bebaute mittelalterliche Häuserzeile, flankiert von zwei der vier erhaltenen Stadttürme. Wahrscheinlich wurde Eberbach 1227 gegründet, als König Heinrich VII. die Burg im Wald darüber vom Wormser Bischof als Lehen erhielt. Die berühmte Viktoria-von-Eberbach-Torte der Konditorei Café Viktoria wurde 1963 per Luftpost an Queen Elizabeth geschickt; bis heute beliefert die Konditorei Kunden in aller Welt.

Der Pulverturm in der Altstadt stammt aus dem 13. Jahrhundert. Er steht in der Nähe des Thalheim'schen Hauses, das einst Sitz des Kurpfälzischen Amtskellers und Rathaus war. Heute beherbergt das Gebäude das Informationszentrum des Naturparks Neckartal-Odenwald, wo Groß und Klein allerhand Wissenswertes z. B. über Streuobstwiesen, Wald, Tiere und Pflanzen in der Umgebung erfahren können. Stadteinwärts gelangen wir zum Alten Markt. An seiner Nordseite steht das Hotel Karpfen, dessen Vorderfront ein Sgraffito aus 14 Bildern ziert: Sie wurden 1934 vom Eberbacher Künstler Richard Hemberger geschaffen und zeigen die Geschichte der Stadt.

Die Burg **Zwingenberg** 6 erhebt sich stolz zwischen den Bäumen an einem Hang im Neckartal. Und gleich hinter den Burgmauern beginnt die Wildnis: Das Schild am Eingang zur Wolfsschlucht kündigt einen alpinen Klettersteig an. Felsen und wasserüberflutete Abschnitte fordern zwar eine gute Körperbeherrschung, aber ganz so wild wird es dann doch nicht – vorausgesetzt man trägt festes Schuhwerk! Wer denkt, der Odenwald böte nur sanfte Hügel, lernt hier die andere Seite dieses Mittelgebirges kennen. Die Klingen – so heißen die schluchtenartigen Tälchen in der Region – sind eine geologische Besonderheit. Die Wolfsschlucht flankieren steile Felswände, grün bemoost, umrahmt von wild wuchernden Pflanzen und Bäumen. Drahtseile helfen, damit man nicht ausrutscht. Ob die geheimnisvolle Schlucht tatsächlich die Inspiration für die romantische Oper »Freischütz« von Carl Maria von Weber lieferte? Und ob hier vor mehr als 160 Jahren wirklich der letzte Wolf im Odenwald erlegt wurde? Möglich. Die alten Geschichten von Jägern und Wilderern passen auf alle Fälle hervorragend hierher (zwingenberg-neckar.de).

ES GLUCKERT UND PLÄTSCHERT

Die beschauliche Gemeinde **Neckargerach** 7 wartet ebenfalls mit einer Klinge auf: Die malerische Margarethenschlucht ist zweifellos ein Höhepunkt für Naturliebhaber. In ihr stürzt der Flursbach als Wasserfall über acht Stufen aus 110 Metern Höhe dem Neckar entgegen – in heißen Sommern manchmal nur als Rinnsal. Die Schlucht steht seit 1940 unter Naturschutz. Seltene Farne, Flechten und Moose sowie geschützte Amphibien, darunter Feuersalamander und Bergmolch, sind hier heimisch. Elf Tafeln auf dem etwa drei Kilometer langen Margarethenschluchtpfad informieren über die Besonderheiten dieses Naturraums. Wir parken das Wohnmobil auf einem Parkplatz ein Stück oberhalb der Schlucht. Das urwüchsige, mystische Tal ist nicht ganz einfach zu begehen. Trittsicherheit und gutes Schuhwerk sind obligatorisch. Die Entstehung der Schlucht ist erdgeschichtlich eng mit der Absenkung des Oberrheingrabens verbunden.

Auf der anderen Seite des Neckars krönt die sagenumwobene Ruine Minneburg einen

Waldhügel. Sie soll nach dem Burgfräulein Minna von Horneck von Burg Hornberg (zu dieser später mehr) benannt sein. Verzweifelt über eine befohlene Zweckehe, soll sie sich hierher in eine Höhle geflüchtet haben, wo sie auf die Rückkehr ihrer geheimen Liebe, den Kreuzritter Edelmut von Ehrenberg, wartete. Als er aus dem Heiligen Land zurückkehrte, lag Minna jedoch im Sterben, und Edelmut gelobte an ihrem Totenbett den Bau einer Burg als Liebesbeweis.

Tag 4

FARBENFROHES FACHWERK

Die Altstadt von **Mosbach** 8 liegt zwar nicht direkt am Neckar, lohnt aber dennoch einen Abstecher. Der Große Elzpark am Rand der Innenstadt mit Wohnmobilstellplatz bildete 1997 das Herzstück der Landesgartenschau Baden-Württemberg. Eine Fußgängerbrücke über die Bundesstraße verbindet das ehemalige Schaugelände mit dem historischen Zentrum. Ein kurioser Bau dort ist das Haus Kickelhain in der Harnischgasse – es zeigt, wie beengt die Mosbacher Bürger früher lebten: Die Grundfläche beträgt 26 Quadratmeter, die gesamte Wohnfläche umfasst 52 Quadratmeter – verteilt auf drei Stockwerke. Das Gebäude zählt damit zu den kleinsten freistehenden Fachwerkhäusern in Deutschland und ist Teil des Städtischen Museums.

Der Dichter Joseph von Eichendorff notierte 1807 in seinem Reisetagebuch: »Endlich drängt sich der Weg plötzlich in das schön gelegene Städtchen Mosbach, das ein blühender Garten ist.« Und Merians »Topographia« berichtet bereits 1645 von »einer feinen wohlgebauten und Churpfälzischen Stadt«. Einer der bemerkenswertesten Fachwerkbauten Süddeutschlands ist das Palm'sche Haus am Marktplatz: Der mächtige dreigeschossige Bau aus dem Jahr 1610 besticht mit seinen variantenreichen und dekorativen Fachwerkmustern sowie bärtigen Neidköpfen und weiteren Steinfiguren am Eckerker. Das Stadtmuseum zeigt u. a. kostbare Keramiken aus der Mosbacher Fayence-Manufaktur, gegründet im 18. Jahrhundert von einem Heidelberger Kurfürsten, und eine umfangreiche Sammlung an historischen Druckmaschinen.

Gegenüber erhebt sich das Rathaus, das zwischen 1554 und 1558 auf den Fundamenten der früheren Cäcilienkirche im Renaissancestil erbaut wurde. Die alte Kirchenglocke von 1458 nutzt man weiterhin als Rathausglocke – die Mosbacher tauften sie Lumpenglöckle. Lumpenglocken nannte man damals die Glocken, deren abendliches Läuten das Schließen der Stadttore verkündete; gleichzeitig wurden alle Zecher, die »Lumpen«, mit dem Glockenschlag aufgefordert, ihren Umtrunk im Wirtshaus zu beenden – während die braven Bürger weiter bei einem Glas Wein sitzen durften. Das Lumpenglöckle erklingt noch heute jeden Abend um Viertel vor elf, angeblich aber aus einem anderen Grund: Man berichtet, dass das Glockengeläut der schönen Pfalzgräfin Johanna, die sich im Wald verirrt hatte, zu später Stunde half, nach Hause zurückzufinden. Während eines Jagdausflugs war Johanna ihrem Hund gefolgt, der einem Hirsch hinterherhechelte, worauf sie in der Dunkelheit die Orientierung verlor. Ihr Gemahl, Pfalzgraf Otto I., sorgte sich um sie und ließ das Lum-

Alter Markt in Eberbach

penglöckle unentwegt läuten, um seiner Frau den Weg zu weisen. Sie vernahm das Läuten, folgte ihm, und kehrte wohlbehalten zurück – es war Punkt 22.45 Uhr, als die Pfalzgräfin an das Stadttor klopfte.

EISENBAHN-ROMANTIK

Ältestes Haus der Stadt ist das ebenfalls auffallend schmale Salzhaus in der Hauptstraße in Marktplatznähe. Es wurde 1425 fertiggestellt und diente, wie der Name schon besagt, zur Lagerung von Salz. Auf dem Marktplatz findet jeden Mittwoch- und Samstagvormittag ein schöner Wochenmarkt mit Produkten aus der Region statt. Marktplatz und Hauptstraße bilden eine Fußgängerzone, Straßencafés und Restaurants säumen heute sowohl den Marktplatz als auch den Ludwigplatz am Ostende der Fußgängerzone. Die Altstadt ist Austragungsort von einer Reihe jährlich stattfindender Veranstaltungen, darunter das Frühlingsfest im Mai und das Kurpfälzer Erntefest im Oktober.

Am hiesigen Stellplatz beginnt der Radweg Wanderbahn auf der ehemaligen Strecke des Odenwaldexpresses, einer Schmalspurbahn, die von 1905 bis 1973 Mosbach mit Mudau verband. Das Züglein trug wegen seines gemächlichen Tempos den Beinamen »Entenmörder«. Entlang der Route ist noch das eine oder andere alte Bahnhofsgebäude erhalten. Der Höhepunkt für Eisenbahnfreunde ist die originale Dampflok (99 7202) in Mudau. Aufgrund des geringen Anstiegs ist die Tour sehr gut für Familien mit Kindern geeignet (tg-odenwald.de).

Tag 5

URBILD DES RITTERTUMS

Hoch oberhalb von **Neckarzimmern** 9 und dem Neckar wacht Burg Hornberg, erstmals 1184 urkundlich erwähnt. Die Grafen von Lauffen waren zwar die ersten Besitzer, weit bekannter ist aber der »Ritter mit der eisernen Hand«: Götz von Berlichingen. Er

Hier lebte Götz von Berlichingen.

spielte in den Bauernkriegen eine große Rolle. Berühmt wurde er durch diesen Satz, den er dem Anführer der kaiserlichen Truppen zurief: »Sag deinem Hauptmann: Vor Ihrer Kaiserliche Majestät hab ich, wie immer, den schuldigen Respekt. Er aber, sag's ihm, er kann mich im … lecken.« Heute beherbergt die Burg im ehemaligen Reitstall ein Hotel und Restaurant. Die obere Burg ist zur Besichtigung zugänglich.

Übrigens reifen hervorragende Rebsorten an den steilen Burghängen – die terrassenartig angelegten Weinberge gelten als das älteste Weinanbaugebiet im Land und erfordern nach wie vor ein hohes Maß an Handarbeit. Das Ergebnis kann sich sehen und schmecken lassen, z. B. in der Burggaststätte mit weitem Blick über das Neckartal.

Einem versteckten Kleinod begegnen wir auf einem Berg oberhalb von **Gundelsheim-Böttingen** 10: Die Michaelskapelle dort ist eine der ältesten Kirchen in der Region – sie wurde bereits 771 als »Basilica« erwähnt. Die frühen christlichen Missionare haben oft anstelle von Kultstätten dem Erzengel Michael, dem Teufelsbezwinger, geweihte Bergkirchen errichtet. Diesen Ursprung vermutet man auch hier. Kirche und Turm sind im Kern romanisch (11./12. Jh.), es folgten gotische Umbauten mit Kreuzgewölbe im Altarraum und Ergänzungen in der Barockzeit. Der Hauptaltar zeigt den Erzengel Michael mit Flammenschwert im Kampf mit dem Satan (1702). Bemerkenswert sind auch der Weihestein des Gaius Fabius Germanus für Jupiter und Juno aus römischer Zeit (2./3. Jh.) und eine Lourdesgrotte aus Kalktuff in der Außenmauer.

GREIFVÖGEL ALS ATTRAKTION

Die mächtige Burg Guttenberg thront von Weitem sichtbar über **Neckarmühlbach** 11. Sie wurde nie zerstört und ist seit fast 800 Jahren ständig bewohnt. Die Burg befindet sich in der 17. Generation im Besitz der Familie von Gemmingen. »Sie glauben nicht, was sich alles ansammelt, wenn eine Familie über einen so langen Zeitraum nicht umzieht«, scherzt der Burgherr Freiherr von Gemmingen gern. Publikumsmagnet ist hier heute die Deutsche Greifenwarte mit mehr als 100 Adlern und Geiern. Im Sommer finden täglich Flugvorführungen statt, begeistert verfolgt von jährlich 100 000 Besuchern. Es ist ein einmaliges Erlebnis, die Tiere mit ihren riesigen Flügelspannweiten beim freien Flug zu beobachten: Während der Schau kreisen sie über dem Neckar und nutzen dabei die Thermik. Bleibt diese aus, haben die Vögel oft keine große Lust zu fliegen. Beeindruckend ist es aber allemal, wenn sie direkt über die Köpfe der Besucher hinwegschweben.

Im Burgmuseum erfährt man Schauriges, z. B., dass der Scharfrichter einst pro Kopf bezahlt wurde, da er keinen Zeit-, sondern einen Stücklohn erhielt. Die Tarifordnung unterschied darüber hinaus zwischen Beil und Strang (burg-guttenberg.de).

Camping- und Stellplätze

Wohnmobilstellplatz Heidelberg
Harbigweg 1–3, 69124 Heidelberg,
Tel. 06221/67 41 96 62,
wohnmobilstellplatz-heidelberg.com
GPS: 49.391762, 8.671010
48 ausgewiesene Parzellen am Ortsrand von HD-Kirchheim

Campingplatz unterm Dilsberg
Campingplatz 1, 69151 Neckargemünd,
Tel. 06223/725 85, camping-dilsberg.de
GPS: 49.405737, 8.836109
Gut ausgestatteter Platz in schöner Lage am Neckarufer

ODENWALD river camp
Bannwiesen 1, 69437 Neckargerach,
Tel. 06263/427 66 30, odenwald.camp
GPS: 49.39588, 9.07039
Campingplatz am Neckar mit neuem Sanitärgebäude

Campingpark Eberbach

Wahlmöglichkeit in Neckarzimmern

Wohnmobilstellplatz Wasemweg
Wasemweg, 74821 Mosbach,
Tel. 06261/918 80, mosbach.de
GPS: 49.36022, 9.14722
Überwiegend schattenloses Gelände am Gartenschaupark (max. 3 Nächte)

Camping & Wohnmobilstellplatz Cimbria
Wiesenweg 1, 74865 Neckarzimmern,
Tel. 06261/25 62, cimbria-camping.de
GPS: 49.319123, 9.125460
Freundliche Anlage mit Bistro am Neckarufer

Churfranken

Renommierte Steillagen

Der Fränkische Rotwein Wanderweg führt über sechs Etappen von Großwallstadt nach Bürgstadt.

TOURENLÄNGE
82 Kilometer

START UND ZIEL
Von Aschaffenburg nach Stadtprozelten

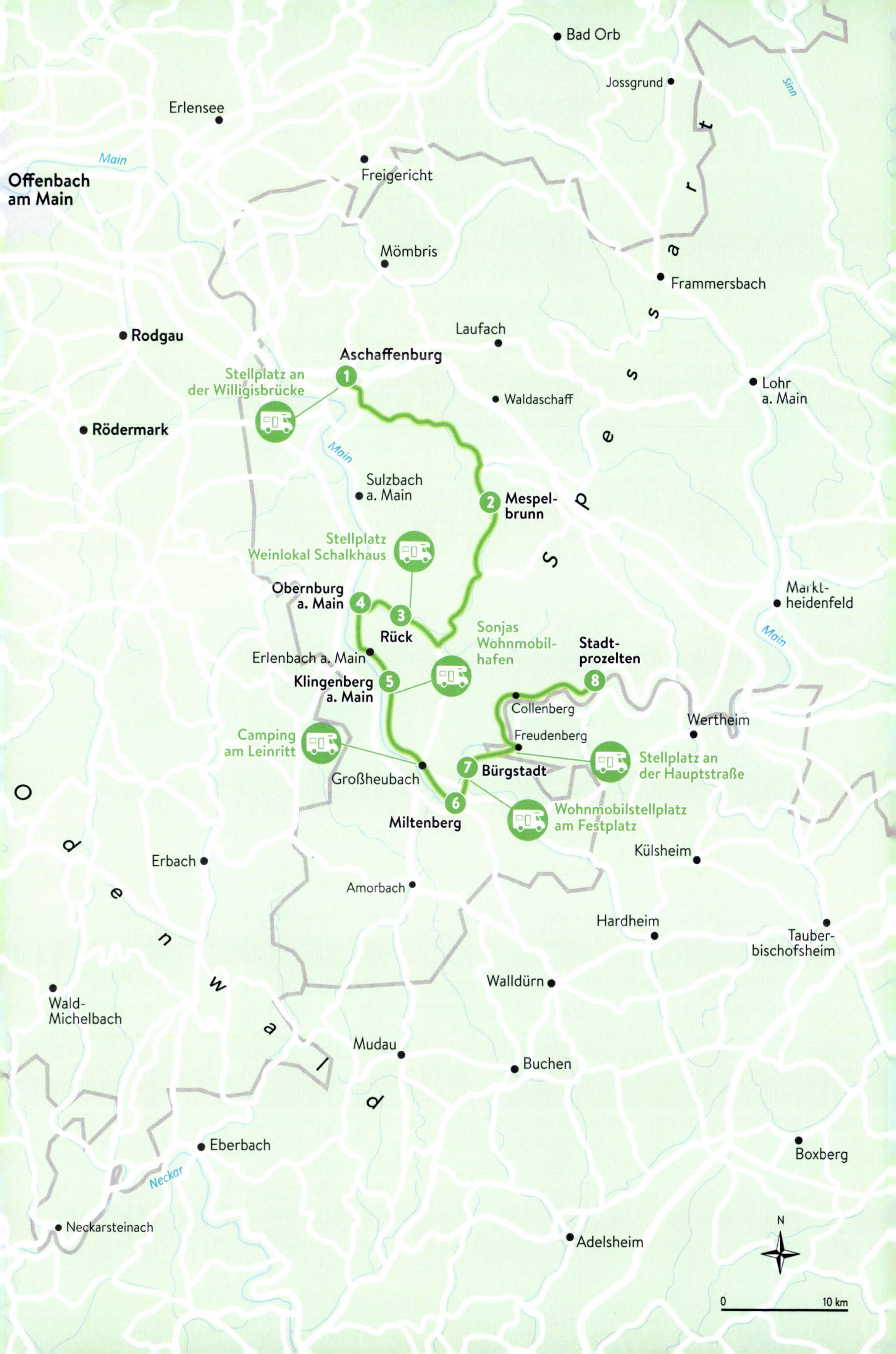

Bad Orb
Jossgrund
Sinn
Erlensee
Main
Offenbach am Main
Freigericht
Mömbris
Frammersbach
Spessart
Rodgau
Laufach
Aschaffenburg
Stellplatz an der Willigisbrücke
1
Waldaschaff
Lohr a. Main
Rödermark
Main
Sulzbach a. Main
2
Mespel-brunn
Stellplatz Weinlokal Schalkhaus
Obernburg a. Main
4
3
Rück
Markt-heidenfeld
Main
Sonjas Wohnmobil-hafen
Stadt-prozelten
Erlenbach a. Main
Klingenberg a. Main
5
8
Collenberg
Wertheim
Freudenberg
Camping am Leinritt
Großheubach
7
Bürgstadt
Stellplatz an der Hauptstraße
6
Miltenberg
Wohnmobilstellplatz am Festplatz
Odenwald
Erbach
Külsheim
Amorbach
Hardheim
Tauber-bischofsheim
Walldürn
Wald-Michelbach
Mudau
Buchen
Eberbach
Neckar
Boxberg
Neckarsteinach
Adelsheim
N
0
10 km

7

Die Freuden der Langsamkeit

Auf Schritt und Tritt genießen

In der Region Bayerischer Untermain zwischen Odenwald und Spessart besuchen wir Churfranken, eine lebensfrohe Kulturlandschaft, die Reisende mit Wohnmobil freundlich empfängt. Unsere Tour-Empfehlung: ein Ausflug zu großen und kleinen Schlössern, wunderbaren Kunstschätzen, gemütlichen Weinstuben und urigen Brauereikellern.

Tag 1

GEISTLICHES VERMÄCHTNIS

Ob es in **Aschaffenburg** (1) etwas zu besichtigen gäbe, lautet eine von Gästen oft gestellte Frage. Die Antwort: Ja, viele Dinge! Schließlich bietet die 70 000-Einwohner-Stadt Baudenkmäler aus über 1000 Jahren Geschichte. Man nennt Aschaffenburg gern die »Quaste am Schwanz des bayerischen Löwen«, doch ist das nur die halbe Wahrheit, denn erst seit 1814 gehört die mainfränkische Metropole zum Freistaat.

Prächtiges Schloss Johannisburg

Tag 1	Tag 2		Tag 3			Tag 4	Tag 5
1 Aschaffenburg Km 0	2 Mespelbrunn Km 16	3 Rück Km 34	4 Obernburg Km 40	5 Klingenberg Km 48	6 Miltenberg Km 62	7 Bürgstadt Km 64	8 Stadtprozelten Km 82

Wasserschloss Mespelbrunn

Zuvor regierten die Mainzer Kurfürsten jahrhundertelang bis 1803 die Stadt und ihr Umland, was sich u. a. sprachlich niederschlug: Der »Ascheberscher« Dialekt unterscheidet sich deutlich von der Mundart der fränkischen Nachbarn. Als weiteres mainzerisches Erbe gilt der rheinische Frohsinn, der die Einwohner auszeichnet.

EINMALIGE SAMMLUNG

Christian Schad (1894–1982), der bei Aschaffenburg lebte, gilt als einer der führenden Künstler der Neuen Sachlichkeit, seine Fotogramme und frühen Gemälde genießen Weltruf. Viele davon zeigt das 2022 im Stadtzentrum eröffnete monografische Museum (museen-aschaffenburg.de).

Ihren Aufstieg verdankt die Stadt Johann Schweikhard von Cronberg (1553–1626), von 1604 bis 1626 Erzbischof und Kurfürst von Mainz, der während seiner Amtszeit das mächtige Schloss Johannisburg errichten ließ – Herrscher wie Kaiserin Maria Theresia und Napoleon Bonaparte waren in diesem Renaissancebau aus rotem Sandstein zu Gast. Die Mainzer Herren nutzten Johannisburg als Zweitresidenz, denn sie schätzten den waldreichen Spessart als Jagdrevier. Der 90 x 90 Meter große Vierflügelbau erhebt sich eindrucksvoll über dem Mainufer. Der einbezogene Bergfried ist der einzige Überrest jener Burg, die zuvor an dieser Stelle stand. Das Schloss beherbergt bedeutende Museen, darunter die Staatsgalerie mit Gemälden u. a. von Lucas Cranach und die weltweit größte Sammlung von Korkmodellen mit detailgetreuen Nachbildungen antiker Bauten aus Rom und Umgebung.

Wir schlendern weiter in Richtung Innenstadt zum Stiftsplatz mit der Stiftskirche

Aussicht vom Klingenberger Schlossberg

Sankt Peter und Alexander, erbaut im 10. Jahrhundert. Deren herausragende Schätze sind das 1525 entstandene Gemälde »Beweinung Christi« von Matthias Grünewald und der romanische Kreuzgang mit schönen Säulenkapitellen. Weitere sehenswerte Bauwerke in der Stadt sind etwa die Pfarrkirche Zu unserer Lieben Frau mit Barockfassade und romanisch-gotischem Turm, die Sandkirche (18. Jh.) mit Rokoko-Innenausstattung und das Theater von 1811 im klassizistischen Stil.

Ein Rundgang durch das historische Aschaffenburg endet gewöhnlich in der Schlossgass im »Schlappeseppel«, der berühmten Brauereigaststätte. Deren Gründung im Jahr 1631 soll auf folgende Begebenheit zurückgehen: Als König Gustav von Schweden und sein Heer die Stadt einnahmen, stellten sie entsetzt fest, dass in den Fässern im Schlosskeller kein Tropfen Bier mehr war. Als Helfer in der Not erwies sich der kriegsversehrte Soldat Joseph Lögler, »lahmer Seppel« genannt, dem es auf Anhieb gelang, ein königliches Bier zu brauen. Historiker halten diese Schilderung für unglaubwürdig, was der schönen Geschichte aber keinen Abbruch tut.

An einer besonders malerischen Stelle im Schlosspark über dem Mainufer ließ König Ludwig I. das Pompejanum erbauen, eine Rekonstruktion einer Villa aus Pompeji mit zwei Innenhöfen und Böden aus prachtvollen Mosaiken. Zedern, Feigenbäume und weitere südländische Gewächse prägen den Garten rund um das Haus. Ludwig ließ die Pflanzen importieren, weshalb man Aschaffenburg heute gern das »bayerische Nizza« nennt. Einheimische und Besucher genießen gleichermaßen das mediterrane Flair – vornehmlich auf Spaziergängen durch den Park und auf der darunterliegenden Mainpromenade.

Wohnmobilgäste residieren an der Willigisbrücke am Ufer gegenüber – diese ist nach Erzbischof Willigis benannt, der im Jahr 989 am heutigen Standort eine erste Holzbrücke über den Main errichten ließ.

Tag 2

DAS ERBE DER ECHTER

Namensgeber des nahe gelegenen Wasserschlosses **Mespelbrunn** 2 ist die Mispel. Es liegt verborgen, von Buchenwäldern umrahmt, im Krebsbachtal im Spessart. Vor uns eröffnet sich ein unerwarteter Ausblick auf ein Stillleben aus Sandstein, das sich im dunkelgrünen, forellenreichen Weiher davor spiegelt, auf dem Schwäne majestätisch dahingleiten. Staffelgiebel, Bogen und Rundtürme bestimmen die Renaissance-Architektur. Der Bau der ursprünglichen Wehrburg wurde im 15. Jahrhundert begonnen. Sein heutiges romantisches Aussehen erhielt das Schloss durch Peter Echter von Mespelbrunn und seine Gemahlin Gertraud von Adelsheim, die im 16. Jahrhundert den Umbau veranlassten. Ihr berühmter Sohn Julius Echter, der spätere Fürstbischof von Würzburg, Kirchenreformer und Neugründer der Universität Würzburg, wurde 1573 hier geboren. Doch die männliche Echter-Linie erlosch Jahrzehnte später, woraufhin Maria Ottilia Echter 1648 Philipp Ludwig von Ingelheim heiratete. Der Kaiser erlaubte, dass die beiden ihre Namen und Wappen zusammenführen durften. Daher lautet der etwas sperrige Name der Familie bis heute Grafen von Ingelheim genannt Echter von und zu Mespelbrunn. Das Schloss wird nach wie vor von der Familie bewohnt, den Nordflügel kann man jedoch besichtigen (schloss-mespelbrunn.de).

Elsbeerbaum und Esche standen dagegen im angrenzenden Elsavatal und beim Ort Elsenfeld Namenspate. Mitten im Elsenfelder Stadtteil **Rück** 3 befindet sich die

Museumsweinberg mit uralten Stöcken

Weinstube Schalkhaus mit Wohnmobilstellplatz. Der Gastraum zeichnet sich neben einem stilvollen Ambiente durch allergikerfreundliche Innenraummaterialien aus. Das Schalkhaus-Team empfiehlt als Vorspeise u. a. den gratinierten Ziegenkäse an Rosmarin-Honig und als Hauptgang Hirschbratwürste aus eigener Herstellung auf Weinsauerkraut oder auch vegetarische Gerichte, darunter Tagliatelle an Waldpilzen und Oliven. Die servierten Weine, Edelbrände und Liköre sind ebenfalls hausgemacht. Saisonweise kommt zusätzlich selbst gebrautes Bier zum Ausschank. Wohnmobilfahrer können den schön angelegten

»Portugieser« vom Weingut Stritzinger

Stellplatz zwar ganzjährig nutzen, müssen aber beachten, dass die Weinstube nur jeweils 19 Tage pro Monat geöffnet hat.

Das alte Kirchdorf Rück gehört heute zur Genussregion Churfranken. Diesen Namen ersannen findige Touristiker im Jahr 2007, bezugnehmend auf die ehemaligen Landesherren und die Zugehörigkeit zu Bayern und Franken. Die fruchtbaren Böden, das milde Klima und ein fröhlicher Menschenschlag sind die Gründe dafür, weshalb das Gebiet, das im Osten bis zum sogenannten Mainknie reicht, mehr und mehr ins Blickfeld der Genießer rückt.

Wer wie wir gemütlich mit dem Rad oder zu Fuß die liebliche Tallandschaft erkunden möchte, wählt am besten den Fränkischen Rotwein Wanderweg: Die 79 Kilometer lange Strecke führt über sechs maximal 17 Kilometer lange Etappen von Großwallstadt nach Bürgstadt, vorbei an den sonnenverwöhnten Steillagen Churfrankens.

Den Rück-Besinnungsweg (5 km) durch das Elsavatal begleiten Kunstwerke; hier führt auch der Radweg Spessart-Wasserschloss-Route auf einer stillgelegten Bahntrasse am ehemaligen Kloster Himmelthal vorbei zum Wasserschloss Mespelbrunn.

Tag 3

ÖKOSYSTEM ALTER WEINBERG

Die Anfänge der einst Kurmainzischen Amtsstadt **Obernburg** 4 gehen auf ein römisches Kastell zurück. Das Römermuseum vor Ort zeigt neben Rüstungen eine Sammlung mit kostbaren Fundstücken, darunter zahlreichen Inschriftensteinen und Bruchstücken von Jupitergigantensäulen (obernburg.de).

In **Klingenberg** 5 unternehmen wir im Anschluss einen Spaziergang durch den Museumsweinberg in den denkmalgeschützten Terrassen des Klingenberger Schlossbergs. Der Weinberg ist mehr als 50 Jahre alt, war bereits verwildert und wird seit 2007 in mühevoller Handarbeit wieder kultiviert. In ihm wachsen 20 verschiedene Rebsorten, was der Fachmann als »Alten Satz« bezeichnet. Zwischen den Stöcken wurden über 70 Wildkräuterarten und viele weitere seltene Pflanzen bestimmt, darunter die Weinbergstulpe und der Dolden-Milchstern. Die Weine zeichnen sich durch ihre Mineralität und Komplexität aus, was sie bei Kennern beliebt macht (stadt-klingenberg.de).

Vom Stellplatz in **Miltenberg** 6, auf der rechten Mainseite zwischen Campingplatz und Yachthafen, genießen wir einen großartigen Ausblick auf die Altstadt von Miltenberg mit ihren roten Buntsandsteinmauern. Diese machen neugierig auf das, was aus der Ferne betrachtet im Verborgenen liegt: ein Netz aus engwinkligen, kopfsteingepflasterten Gassen mit freundlichem Fachwerk im Schutz der ehrwürdigen Mildenburg.

Die Zeit scheint stehen geblieben.

Es war vermutlich um das Jahr 1200, als der Mainzer Erzbischof die Burg als östliche Verteidigungsanlage errichten ließ. Von da an lenkten mehr als 600 Jahre lang die Kurfürsten und Erzbischöfe aus der Rheinmetropole die Geschicke des Orts und seiner fruchtbaren Umgebung am Fuß der waldreichen Höhen von Spessart und Odenwald. Ihren früheren Reichtum verdankte die Stadt, die man oft als die »Perle des Mains« bezeichnet, dem im Mittelalter praktizierten Stapelrecht. Es legte fest, dass die durchziehenden Kaufleute ihre Waren in der Stadt für einen bestimmten Zeitraum abladen und anbieten mussten. Oft konnten sie sich jedoch durch Zahlung eines Stapelgelds von dieser Pflicht freikaufen. Womöglich floss es in den Bau der repräsentativen Häuser, die z. B. den Alten Markt zieren mit dem filigran gehauenen Justitia-Brunnen in der Mitte.

Ein häufig vorkommendes Bau-Detail, das sofort ins Auge sticht, sind die aufwendig gestalteten doppelstöckigen Erker. Ebenso ein Hingucker: das Gasthaus Zum Riesen, 1590 erbaut – es rühmt sich, älteste Fürstenherberge in Deutschland zu sein. Die Altstadt wirkt wie die Kulisse einer Freilichtbühne. »Miltenberg erschien mir immer als das Herz Deutschlands«, bekannte einst Elly

Heuss-Knapp, die Frau des früheren Bundespräsidenten. Nicht nur Weinliebhaber, sondern auch die Freunde edler Hopfengetränke kommen in der Stadt auf ihre Kosten: u. a. bei einer Kostprobe in den tiefen Kellergewölben der Erlebnisbrauerei Faust im historischen Miltenberger Schwarzviertel – dort reifen seit über 350 Jahren teils außergewöhnliche Sorten im Holzfass, wie z. B. der mit Gold- und Silbermedaillen prämierte extra starke »Eisbock«.

Tag 4

DAS GUTE LEBEN

Der Centgrafenberg, ein Südhang aus rotem Sandstein westlich von **Bürgstadt** 7, gilt als eine der besten Rotweinlagen in Franken. Sein steiniger Boden speichert die Wärme des Miltenberger Talkessels, weshalb hier exzellente Burgunder heranreifen. Die beschauliche Winzergemeinde am Main mit ihren rund 4300 Einwohnern ist heute längst mit den Außenbezirken von Miltenberg zusammengewachsen. Der Ort ist darüber hinaus bekannt für seine hervorragende Gastronomie, maßgeblich geprägt von den Gasthöfen Adler und Stern. Im Sommer erweitern Häckerwirtschaften das kulinarische Angebot. Der große Wohnmobilstellplatz unterhalb der Bundesstraße liegt wenige Minuten zu Fuß vom Ortszentrum entfernt.

Bürgstadt, das ebenfalls über 1000 Jahre im Besitz von Kurmainz war, ist ein idealer Standort für Besucher, die Beschaulichkeit lieben und die authentische Atmosphäre eines Winzerdorfs schätzen. Ein einzigartiges Schmuckstück im Ort ist die um 950 erbaute Martinskapelle mit ihrer »Armenbibel« aus dem 16. Jahrhundert – eine solch eindrucksvolle und zudem vollständig erhaltene bildhafte Darstellung von Szenen aus der Heiligen Schrift findet man sonst fast nirgendwo. Den Schlüssel zur Besichtigung erhalten wir bei der Gärtnerei Kling nebenan.

Tag 5

WEITERE HÖHEPUNKTE

Stadtprozelten 8 im Landkreis Miltenberg erstreckt sich malerisch am rechten Mainufer, an einem Südhang des Spessarts. Ihr Wahrzeichen ist die Ruine Henneburg. Die staufische Höhenburg wurde im 13. Jahrhundert auf einem Bergrücken etwa 70 Meter oberhalb der Ortschaft errichtet. Sie gehört mit ihren beiden mächtigen Bergfrieden, die man übrigens besteigen darf, zu den beeindruckendsten Burgruinen in Süddeutschland. Der Deutsche Orden erwarb 1320 die Burg und baute sie aus. Hinzu kamen u. a. zwei Palais-Gebäude und ein unterirdischer Wehrgang. Spätere Besitzer nutzten die Burg kaum, weshalb sie zur Ruine verfiel. König Ludwig I. von Bayern erkannte den historischen Wert der Anlage und ließ im 19. Jahrhundert erste Sicherungsarbeiten durchführen. Von einem der Bergfriede bietet sich uns ein letzter großartiger Ausblick über das Maintal.

Wer möchte, kann sich der Ruine Henneburg langsam mit dem Wohnmobil oder dem Fahrrad auf einer Mainfähre nähern – diese verkehrt als eine der letzten auf dem Fluss zwischen dem badischen Mondfeld und dem bayerischen Stadtprozelten.

Schöner Wohnen am Schalkhaus

Camping- und Stellplätze

Stellplatz an der Willigisbrücke
Am Main, 63739 Aschaffenburg,
Tel. 06021/39 14 21, stwab.de
GPS. 49.970771, 9.138635
Zentrumsnaher Übernachtungsplatz für 30 Wohnmobile

Stellplatz Weinlokal Schalkhaus
Schippacher Straße 11, 63820 Elsenfeld, Tel. 06022/508 38 77,
schalkhaus.de
GPS: 49.829444, 9.205556
Ganzjahresplatz mit Bewirtung (19 Tage/Monat)

Sonjas Wohnmobilhafen
Zu der Einladung 10, 63911 Klingenberg am Main,
Tel. 09372/139 79 79,
sonjas-wohnmobilhafen.de
GPS: 49.78455, 9.17750
Stellplätze auf Pflaster und Wiese am Mainufer

Camping am Leinritt
Mainstraße 16, 63920 Großheubach,
Tel. 0151/64 05 68 86,
camping-am-leinritt.de
GPS: 49.726051, 9.218242
Gepflegter Platz am Mainufer (März/April–Okt.)

Wohnmobilstellplatz am Festplatz
Josef-Ullrich-Straße, 63927 Bürgstadt,
Tel. 09371/40 41 19, miltenberg.info
GPS: 49.71299, 9.26391
Großes Gelände in Gehweite zum Ortszentrum

Stellplatz an der Hauptstraße
Hauptstraße 19, 97896 Freudenberg,
Tel. 09375/92 00 90,
freudenberg-main.de
GPS: 49.740056, 9.319139
10 Stellplätze mit Mainblick am Ortsrand

Stellplatz am Festplatz in Bürgstadt

Blick auf die Kirche St. Jakobus
und die Mainbrücke in Miltenberg

Spessart und Taubertal

Auf den Spuren großer Literaten

Tucholsky empfand das Hafenlohrtal als eine Landschaft, die es gar nicht mehr gibt, als »ein deutsches Streichquartett«.

TOURENLÄNGE
134 Kilometer

START UND ZIEL
Von Steinau an der Straße
zum Kloster Bronnbach

10 km
N
Vogels-
berg
Rhön
Spessart
Odenwald
Lauterbach
Fulda
Hilders
Laubach
Niddasee
Gersfeld (Rhön)
Nidda
Gedern
Flieden
Stellplatz am Steines
Schlüchtern
Wohnmobilstellplatz
Spessart Therme
Bad Soden-
Salmünster
1
Steinau
an der Straße
Altenstadt
2
Bad
Brückenau
Wächtersbach
Nidderau
3
Bad Orb
Sinn
Stellplatz
am Freibad
Bad
Kissingen
Main
4
Burgsinn
Oerlenbach
Hammelburg
Rieneck
5
Frammersbach
6
Gemünden
am Main
Lohr
am Main
Schweinfurt
Aschaffenburg
Spessart-Camping
Schönrain
7
Röder-
mark
Rothenbuch
Karlstadt
Arnstein
Stellplatz an
der Mainlände
Weibersbrunn
Main
Gr.-
Zimmern
8
Hafenlohrtal
Elsenfeld
Markt-
heidenfeld
Würzburg
Stellplatz
am Mainufer
9
Wertheim
Kitzingen
10
Kloster
Bronnbach
Miltenberg
Erbach
Tauber-
bischofsheim
Ochsenfurt
Wald-
Michelbach
Tauber
Buchen
Igersheim
Bad
Mergentheim
Eberbach
Neckar
Adelsheim
Rothenburg
ob d. Tauber

8

Im Reich der Märchen

Die Heimat von Schneewittchen

Sagenhaft gut: mit dem Wohnmobil und zu Fuß oder mit dem Fahrrad durch den Spessart in der grünen Mitte Deutschlands zu touren. Wir zeigen die schönsten Etappenziele, angefangen in Steinau im Nordwesten des Mittelgebirges über Gemünden, Lohr und Wertheim, wo die Tauber in den Main mündet, bis zum altehrwürdigen Kloster Bronnbach.

Tag 1

FANTASIEREICHE ERZÄHLUNGEN

Den Beinamen »an der Straße« verdankt die Stadt **Steinau** 1 ihrer Lage an der früheren Handelsstraße Via Regia. Man nannte diese auch Hohe Straße; sie verlief quer durch Europa. Steinau galt als wichtige Station zwischen Frankfurt und Leipzig – ein Stück des alten Pflasters kann man heute im Garten des Brüder-Grimm-Hauses noch besichtigen. Die Brüder Grimm wuchsen zwischen 1791 und 1798 in diesem Gebäu-

Renaissanceschloss in Steinau

Tag 1 → Tag 2 → Tag 3

1	2	3	4	5	6
Steinau an der Straße	Bad Soden-Salmünster	Bad Orb	Burgsinn	Rieneck	Gemünden
Km 0	Km 11	Km 22	Km 50	Km 58	Km 66

Bad Orb, die grüne Kurstadt

de auf, der Dienstwohnung des Vaters, der damals Amtmann in Steinau war. Es wurde zu einem Museum umgebaut, das die Lebensgeschichte und die Arbeit der Brüder umfangreich dokumentiert. Der imposante Renaissancebau von 1562 glänzt mit Treppenturm, Freitreppe und fein geschnitztem Fachwerk im Obergeschoss. Märchen werden hier erlebbar gemacht: Die Besucher reisen mit allen Sinnen durch eine faszinierende Märchenwelt, die Jakob und Wilhelm Grimm für eine große Leserschaft erschlossen haben. Das Museum wartet u. a. mit alten Bücherausgaben, vielen Figuren und interaktiven Elementen auf (brueder-grimm-haus.de).

Das mächtigste Bauwerk in der Altstadt ist das Renaissanceschloss, das zwischen 1525 und 1558 vom heimischen

SPASS FÜR KINDER

Der Steinauer Erlebnispark setzt auf klassische Attraktionen, wie etwa Kettenkarussell, Schiffschaukel und Sommerrodelbahn. Für die ganz Kleinen gibt es eine Kindereisenbahn und die »kleinste Achterbahn der Welt« (erlebnispark-steinau.de).

Tag 4

7 Lohr Km 81

8 Hafenlohrtal Km 103

Tag 5

9 Wertheim Km 125

10 Kloster Bronnbach Km 134

Rienecker Tor in Burgsinn,
einziger Rest der Stadtmauer

Steinmetzmeister Asmus errichtet wurde. Es besitzt einen fünfeckigen Grundriss und ist von einem sogenannten Hirschgraben umgeben. Im Schloss kann man die Küche, die Hofstuben und Ausstellungen zur Schlossgeschichte und zu den Gebrüdern Grimm besichtigen sowie den Turm erklimmen. Das Herz der Fachwerkstadt bildet der Marktplatz, Am Kumpen genannt. Hier stoßen wir auf das wunderbare Ensemble aus Rathaus mit Markthalle und massiven Holzpfeilern im Erdgeschoss, auf Kirche und Märchenbrunnen.

Einen Höhepunkt im Veranstaltungsjahr bildet der Steinauer Märchensonntag im August. Des Weiteren verläuft die Deutsche Märchenstraße durch die Stadt. Und zu guter Letzt eignet sich der zentrumsnahe Stellplatz in Steinau sehr gut als Ausgangspunkt für Rad- und Wandertouren im nördlichen Spessart.

Tag 2

HERRLICH WOHLTUEND

Unsere nächste Station ist der Kurort **Bad Soden-Salmünster** 2. Aus großer Tiefe sprudelt hier die Thermalsole in alle Becken in der Spessart Therme. Die stark mit Mineralien angereicherte Sole verspricht Entspannung und Belebung. Das zertifizierte Heilwasser findet vielerlei Anwendung – von der Trink- bis zur Badekur. Zur Verfügung stehen u. a.: Wellen-Freibad, Sprudelbecken und der »Poseidon-Tempel« mit Lichteffekten und Strömungskanal. Eine Erdsauna und eine Kältesauna mit bis zu –110 °C ergänzen die klassische Saunalandschaft. Ein weiterer Höhepunkt ist die Totes-Meer-Salzgrotte mit mikrofeinem Salznebel (spessart-therme.de). Beachtliche 4,5 Kilometer lang ist der längste Barfußpfad Deutschlands, ein Rundweg, angeschlossen an den Kurpark in **Bad Orb** 3. Er führt durch das idyllische Orbtal entlang des Orbachs. Auf große und

Gemünden am Main mit Scherenburg

kleine Füße warten hierbei 36 Stationen – die verschiedenen ausgelegten Materialien wie Kiesel und Kiefernzapfen stimulieren und massieren die Fußreflexzonen, was wohltuend entspannend wirkt. Das Lieblings-Terrain der Kinder ist ohne Frage das 70 Meter lange Schlammfeld (barfusspfad-bad-orb.de).

Das Wahrzeichen der Kurstadt ist das Gradierwerk: Es ist beeindruckende 155 Meter lang und 18 Meter hoch und verspricht ebenfalls durch das Inhalieren der Salzluft eine gesundheitsfördernde Wirkung.

Tag 3

HIER BLÜHT WAS

Ein spektakuläres Naturereignis ist im Frühling die Blüte der Schachblumen im Naturschutzgebiet Sinngrund. Ihre Hauptverbreitung hat die Schachblume mit ihrem violetten Kelch in Südosteuropa. In Mitteleuropa ist sie sehr selten – umso erstaunlicher ist es, dass man im Sinngrund auf einer Länge von 30 Kilometern mehr als zehn Millionen Exemplare zählt. Hilfreich: Das hin und wieder auftretende Hochwasser verteilt den Samen. Günstig gelegene Wanderparkplätze gibt es in Altengronau, Obersinn und **Burgsinn** 4. Letztgenannter Ort verfügt darüber hinaus über einen kleinen Wohnmobilstellplatz am Freibad.

Die Gemeinde Burgsinn mit 2600 Einwohnern bildet das Zentrum des Sinngrunds. Sie wartet mit einer Reihe an Kulturdenkmälern auf: zwei Schlössern, einer Wasserburg und

Naturidylle Hafenlohrtal

einer Kirche, Sinntaldom genannt. Dominanter Blickfang im Zentrum ist die Alte Burg mit ihrem 22 Meter hohen Bergfried und dem gefüllten Wassergraben. Die ersten Lehnsmänner waren ab 1317 die Grafen von Rieneck. Der Bischof von Würzburg verlieh den Besitz später an die Familie von Thüngen, der dieser bis heute gehört. Man kann leider weder deren Burg noch das zugehörige Fronhofer Renaissance-Schlösschen und das Neue Schloss im Stil der Spätrenaissance besichtigen. Wir spazieren stattdessen durch den schönen Burgpark und erfreuen uns am efeuumrankten Rienecker Tor, dem zwar stattlichen, aber einzigen Rest der ehemaligen Befestigung.

Zwischen Chor und Langhaus in der Kirche Sankt Michael wölbt sich eine große Kuppel, daher der Beiname Sinntaldom. Den frühklassizistischen Hochaltar und einige Figuren fertigte um 1770 der Bildhauer Johann Peter Wagner, Schöpfer von zahlreichen Rokokoplastiken in der Region Mainfranken.

Im südlich gelegenen **Rieneck** 5 zeigt das Wassererlebnishaus auf einem Wiesenareal am Fließenbach die Vielfalt des nassen Elements und informiert über die Lebensräume Seen, Flüsse und Bäche. Kinder dürfen in einem Sandkasten eigene Wasserläufe anlegen. Ein Bodenfiltermodell zeigt je nach Bodenmaterial die unterschiedlichen Sickereigenschaften des Wassers. Daneben gibt es Spielgeräte, ein Tipi und ein Insektenhotel (naturpark-spessart.de).

Drei Flüsse – Saale, Sinn und Wern – münden im Gebiet der Stadt Gemünden in den Main. Dieser verlässt hier das Main-Dreieck und schwenkt nach Süden, wo er ein großes Viereck zeichnet. **Gemünden** 6 bildet das Osttor zum Naturpark Bayerischer Spessart. Die Stadt ist beliebt bei Radsportlern und Genussradlern, die an den Ufern der Flüsse bestens ausgebaute Radwege vorfinden. Die Fränkische Saale und die Sinn sind viel besuchte Paddelreviere.

Gemünden wurde 1243 erstmals urkundlich erwähnt und gehörte ab 1469 zum Hochstift Würzburg. Sehenswert sind der Marktplatz mit Marktbrunnen und die Kirche Sankt Peter und Paul, deren Turm ein markantes Spitzdach schmückt. Eulen-, Hexen- und Mühltorturm und ein paar Mauerreste zeugen noch von der ehemaligen Stadtbefestigung.

Hoch über der Stadt erhebt sich die Ruine Scherenburg, von der ein Mauerring und der Bergfried erhalten sind. Darunter erstreckt sich auf drei Terrassen der Ronkarzgarten, ein rares Zeugnis bürgerlicher Gartenbaukunst aus dem 19. Jahrhundert. Ein großes kulturelles Ereignis in der Stadt sind im Sommer die Scherenburgfestspiele mit Freilichttheater im Burginnenhof (stadt-gemuenden.de).

Berühmte Erzähler wie Hans Jacob Christoph von Grimmelshausen beschreiben den Spessart als einen Wald, »allwo die Wölffe einander gute Nacht geben«. Glaubt man den Gebrüdern Grimm, soll im Spessart nicht nur Schneewittchen zu Hause gewesen sein, sondern auch Frau Holle und Hänsel und Gretel. Andere Literaten berichten von einem Gebiet voller finsterer Gestalten, Geister, Kobolde und wilder Tiere. Mit der Romantik kam die Verklärung: der Wald als

Wertheim mit Burg und Spitzem Turm

Sehnsuchtsziel und Rückzugsmöglichkeit für gestresste Städter, als ein perfekter Ort zum Durchatmen – und um den Kopf freipusten zu lassen. Mit seiner Novelle »Das Wirtshaus im Spessart« setzte der Dichter Wilhelm Hauff (1802–1827) der Region ein weiteres literarisches Denkmal. Lange danach, im Jahr 1958, entstand frei nach Hauffs Vorlage der gleichnamige Spielfilm mit Liselotte Pulver als Comtesse und Carlos Thompson als Räuberhauptmann in den Hauptrollen.

Tag 4

WER IST DIE SCHÖNSTE IM LAND?

Das Städtchen **Lohr** 7 mit großem Stellplatz am Mainufer bezeichnet sich ebenfalls gern als das »Tor zum Spessart«. Das Zentrum bilden mittelalterliche Gassen und Straßen rings um den Marktplatz. Auf diesem findet am ersten Samstag im Monat ein großer Bauernmarkt statt – vorrangig mit allem Frischen, was in der Gegend wächst und gedeiht. Das Kurmainzer Schloss im Ort beherbergt das Spessartmuseum, wo das Verhältnis zwischen Mensch und Wald spannend aufbereitet ist. Enorm stolz ist man in Lohr auf Schneewittchen, das in der Stadt gelebt haben soll. Selbstverständlich bietet das Museum die Möglichkeit, den »Sprechenden Spiegel« zu befragen. Daneben erfahren wir Wissenswertes über heutzutage verschwundene Handwerksberufe wie Büttner und Häfner.

Der Schriftsteller Kurt Tucholsky wanderte 1927 durch das im Südwesten von Lohr gelegene **Hafenlohrtal** 8, was ihn zu diesen Zeilen inspirierte: »Dies ist eine alte Landschaft. Die gibt es gar nicht mehr; hier ist die Zeit stehen geblieben. Wenn Landschaft Musik macht: dies ist ein deutsches Streichquartett.« Tucholsky und seine Wanderfreunde kehrten im Gasthaus Im Hochspessart in Lichtenau ein, das noch heute existiert. Zum Ausschank kam damals möpselnder (= muffig riechender) Wein.

Durch das Tal fließt, umrahmt von üppigem Grün, die mäandernde Hafenlohr. Früher unterhielten hier die Mainzer Erzbischöfe eine Pferdezucht. Das Aus der Idylle schien besiegelt, als Eisenhammer und Glashütten sich im 19. Jahrhundert im Tal breitmachten. In den 1970er-Jahren wurden dann Pläne bekannt, den Bach zu einem riesigen Trinkwasser-Reservoir aufzustauen, worauf Naturschützer jahrzehntelang Sturm dagegen liefen – mit Erfolg, denn im neuen Jahrtausend wurde das Projekt aufgegeben. Ausschlaggebend dafür war in der Tat die hohe Artenvielfalt, die das Hafenlohrtal auszeichnet. Ein vier Kilometer langer Abschnitt steht unter Naturschutz. Das Verlassen der Wanderwege ist dort verboten. Jedoch werden – um der Verwilderung vorzubeugen – einzelne Büsche entfernt und die Wiesen regelmäßig gemäht. Auch helfen angesiedelte Wasserbüffel, den Reiz dieser einzigartigen Auenlandschaft wieder herzustellen und zu erhalten.

Eine schöne Rundwandertour führt von der Gemeinde Rothenbuch, wo der Bach entspringt, in einer kleinen Runde durchs Tal – vorbei an verwunschenen Weihern und bekannten Plätzen, darunter das besagte Gasthaus in Lichtenau.

Wer mehr Zeit zur Verfügung hat und den Spessart tief in seinem Inneren entdecken möchte, wählt ab Rothenbuch den Hasenstabweg, eine 65 Kilometer lange Rundwanderroute, benannt nach Johann Adam Hasenstab (1716–1773). Der in Ungnade gefallene Jagdgehilfe galt zeitlebens als gewiefter Wilderer, der in den Augen der Bauern einen ehrenhaften Kampf gegen die Obrigkeit führte. Die Strecke führt u. a. durch das Naturwaldreservat Hoher Knuck, durch Hasel- und Kropfbachtal. Ein Erweiterungsweg rund um

Schäfer, Herde und Hütehund

Schollbrunn passiert eine Reihe alter Mühlen, dazu die Klosterruine Grünau mit gemütlichem Biergarten. Der Rückweg verläuft auf den Spuren der Spessarträuber über Wildensee und durch das reizende Dambachtal.

Kreuzgang Kloster Bronnbach

Tag 5

SEHNSUCHTSZIEL AM MAIN

Als Genussort präsentiert sich das nordbadische **Wertheim** 9, wo Main und Tauber sich vereinen. Hier wurde vor einigen Jahren die Idee zur touristischen Straße Route der Genüsse geboren, die von Aschaffenburg nach Würzburg führt. Über den Dächern und Türmen der Stadt thront wie so oft eine mächtige Burgruine, einst Sitz der Grafen von Wertheim und im Dreißigjährigen Krieg zerstört. Sie zählt zu den größten Steinburgruinen in Süddeutschland.

Die Fachwerkperle Wertheim war in den 1920er-Jahren immer wieder Reiseziel des Worpsweder Malerehepaars Modersohn-Breling – die Künstler bewunderten vor allem den Mainblick und verewigten die Altstadt in zahllosen Bildern. Rund 100 Glasbetriebe sichern heute Wertheims wirtschaftliche Grundlage. Die Geschichte des Glases und was es im Speziellen mit den Wanderglashütten im Spessart auf sich hat, zeigt das Glasmuseum mit Glasbläservorführung gegenüber der alten Hofhaltung (glasmuseum-wertheim.de).

Experten zählen das Weingut Schlör mit Besenwirtschaft – so heißen die Häckerwirtschaften in Baden – zu den besten Winzerbetrieben in Deutschland. Nach ihrer Ansicht kreiert Konrad Schlör im Ortsteil Reichholzheim besondere Weine für jeden Tag, welche die Vorzüge der Landschaft wunderbar im Glas wiedergeben.

Vom Weinberg genießen wir einen weiten Ausblick über das Taubertal mit dem **Kloster Bronnbach** 10. Die ehemalige Zisterzienserabtei wurde im 12. Jahrhundert als Zweigniederlassung des berühmten Maulbronner Klosters gegründet. Von der ursprünglichen Innenausstattung im romanisch-frühgotischen Stil ist kaum etwas erhalten. Die 1222 geweihte dreischiffige Basilika glänzt heute mit barockem Chorgestühl und gotischem Kreuzgang. Ein echter Schatz ist das wiederentdeckte Deckengemälde im Bernhardsaal mit Motiven aus dem Leben des Heiligen Bernhard von Clairvaux. Kirche und Kloster sind nur im Rahmen einer Führung zu besichtigen. Die Orangerie links neben dem Kirchenportal besticht mit jahrhundertealten Fresken. Sie beherbergt ein erstklassiges Restaurant in schlichtem, aber stilvollem Ambiente. Höchsten Genuss verspricht darüber hinaus das alte Cellarium im Kloster, wo die Vinothek Taubertal des Öfteren Weinproben durchführt (kloster-bronnbach.de).

Camping- und Stellplätze

Stellplatz am Steines
Am Steines,
36396 Steinau an der Straße,
Tel. 06663/97388, steinau.eu
GPS: 50.315417, 9.460389
Platz für 5 Wohnmobile nahe der Umgehungsstraße

Wohnmobilstellplatz Spessart Therme
Parkstraße 12a,
63628 Bad Soden-Salmünster,
Tel. 06056/744144,
tourismus-badsoden-salmuenster.de
GPS: 50.284866, 9.359755
38 Stellplätze zwischen Kurpark und Therme

Stellplatz am Freibad
Austraße, 97775 Burgsinn,
Tel. 09356/99100, vgem-burgsinn.de
GPS: 50.145611, 9.654798
Kleiner ausgewiesener Streifen an der Straße zum Freibad

Morgenstimmung im Taubertal

Spessart-Camping Schönrain
Schönrainstraße, 97737 Gemünden, OT Hofstetten,
Tel. 09351/8645, spessart-camping.de
GPS: 50.051448, 9.656845
Schönes ebenes Wiesengelände unter Bäumen

Stellplatz an der Mainlände
Osttangente, 97816 Lohr am Main,
Tel. 09352/848465, lohr.de
GPS: 49.994639, 9.580333
21 Stellplätze auf stark frequentiertem Großparkplatz

Stellplatz am Mainufer
Fahrgasse, 97892 Kreuzwertheim,
Tel. 09342/92620, kreuzwertheim.de
GPS: 49.762370, 9.518499
Ausgewiesenes Areal mit Blick auf den Fluss und auf Wertheim

Stellplatz Spessart Therme

Oberfranken

»O Sole Mio« auf Fränkisch

Hier erlebt man nicht Alltägliches: in venezianischen Gondeln Bambergs Klein-Venedig erkunden.

TOURENLÄNGE
157 Kilometer

START UND ZIEL
Von Pommersfelden
nach Bayreuth

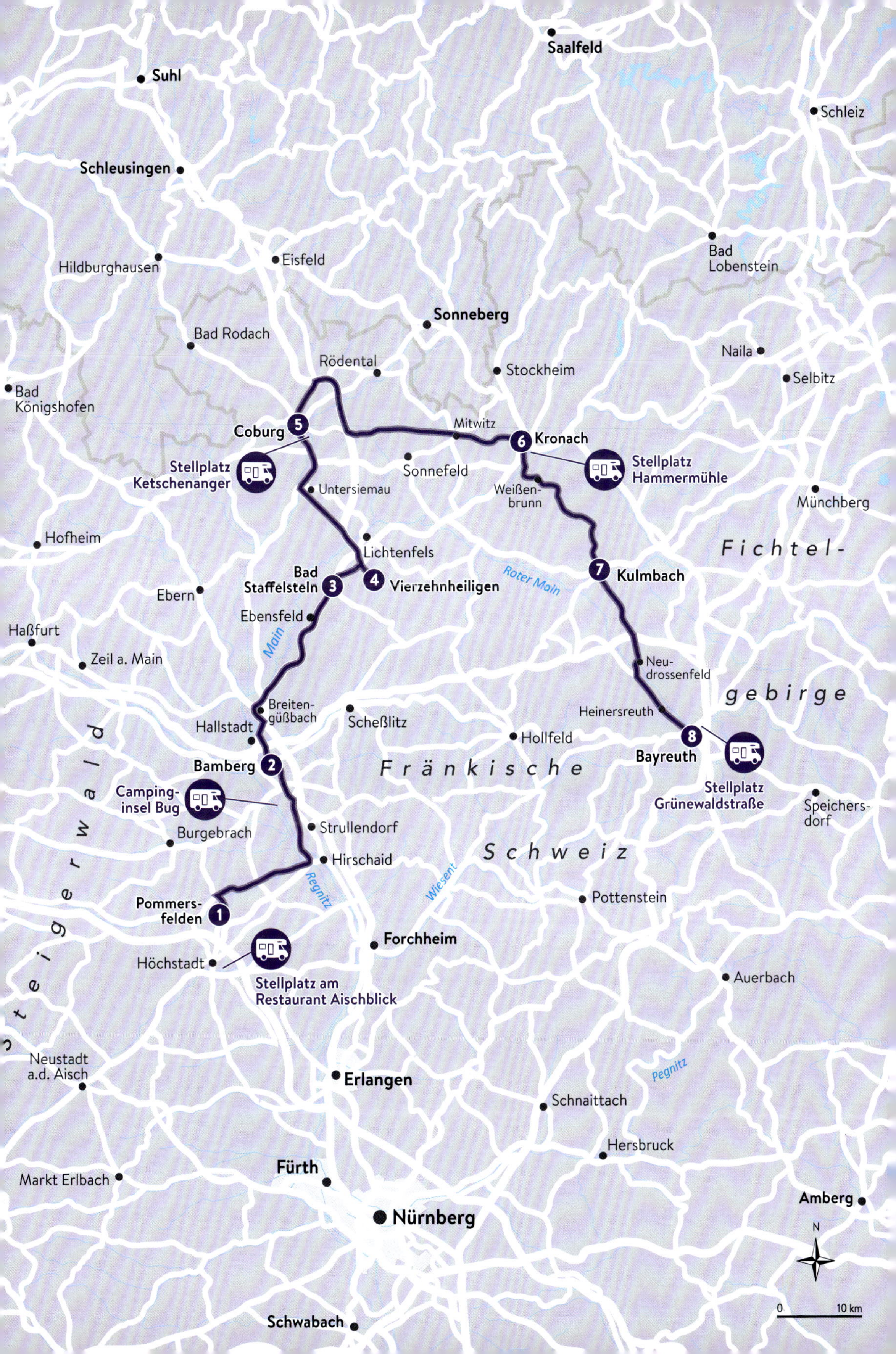

Saalfeld
Suhl
Schleiz
Schleusingen
Bad Lobenstein
Hildburghausen
Eisfeld
Sonneberg
Bad Rodach
Naila
Rödental
Stockheim
Selbitz
Bad Königshofen
Mitwitz
Coburg
5
6
Kronach
Stellplatz Ketschenanger
Stellplatz Hammermühle
Sonnefeld
Untersiemau
Weißen-brunn
Münchberg
Hofheim
Lichtenfels
Fichtel-
Bad Staffelstein
3
4
Vierzehnheiligen
Roter Main
7
Kulmbach
Ebern
Ebensfeld
Haßfurt
Main
Zeil a. Main
Neu-drossenfeld
gebirge
Breiten-güßbach
Heinersreuth
Hallstadt
Scheßlitz
Hollfeld
8
Bayreuth
Steigerwald
Bamberg
2
Fränkische
Camping-insel Bug
Stellplatz Grünewaldstraße
Speichers-dorf
Strullendorf
Burgebrach
Hirschaid
Schweiz
Regnitz
Wiesent
Pommers-felden
1
Pottenstein
Forchheim
Höchstadt
Stellplatz am Restaurant Aischblick
Auerbach
Neustadt a.d. Aisch
Pegnitz
Erlangen
Schnaittach
Hersbruck
Fürth
Markt Erlbach
Nürnberg
Amberg
N
0
10 km
Schwabach

9

Heimat herausragender Künstler

Auf der Suche nach Schönheit

Glanz und Prunk, wohin man schaut: Schloss Weißenstein, Neue Residenz, Basilika Vierzehnheiligen, Veste Coburg, Markgräfliches Opernhaus – die Liste sehenswerter Kulturstätten ließe sich in Oberfranken fast endlos fortsetzen. Profane Dinge wie Rauchbiertrinken erfreuen darüber hinaus das Herz jener Wohnmobilfahrer, die gern Neues ausprobieren.

Tag 1

POMP IN POMMERSFELDEN

Vor den Toren Bambergs am Rand des Steigerwalds liegt die kleine Gemeinde **Pommersfelden** (1) mit Schloss Weißenstein, Ausgangspunkt unserer Tour durch Oberfranken. Im frühen 18. Jahrhundert entwarfen der Baumeister Johann Dientzenhofer zusammen mit Lothar Franz von Schönborn, Kurfürst von Mainz und Fürstbischof von Bamberg, diese ausgedehnte Barockanlage. Seine Durchlaucht hatte

Rapsblüte im Bamberger Land

Tag 1		Tag 2	Tag 3			Tag 4
1 Pommersfelden Km 0	2 Bamberg Km 19	2 Bamberg	3 Bad Staffelstein Km 48	4 Basilika Vierzehnheiligen Km 53	5 Coburg Km 78	6 Kronach Km 111

Prachtvolles Schloss Weißenstein

keine Architektenausbildung absolviert, er war Autodidakt. Beim Bau des freskengeschmückten Treppenhauses erhielt der Fürstbischof Unterstützung vom Wiener Baumeister Johann Lukas von Hildebrand. Das Schloss, das ihm als Sommerresidenz diente, ist bis heute im Besitz der Grafen von Schönborn. Es wurde nie geplündert, weshalb die über Jahrhunderte hinweg gewachsene Einrichtung weitgehend erhalten ist. Die große private Kunstsammlung umfasst Gemälde, Skulpturen und andere Kunstwerke aus verschiedenen Epochen. Die Innenräume sind mit prachtvollen Stuckarbeiten und feinen Möbeln ausgestattet; sie spiegeln die Opulenz und den Geschmack des Barocks wider. Daneben beeindruckt uns auf einer Führung die Bibliothek, die eine umfangreiche Sammlung historischer Bücher enthält. Wenngleich die Gärten nicht mehr in ihrer ursprünglichen Form vorhanden sind, laden sie zu einem beschaulichen Spaziergang ein (pommersfelden.de).

SPASS UND SPIEL

»quest4exit« heißt die erste Escape-the-Room-Spielstätte in Bamberg. Das Spielprinzip besteht darin, dass der Spieler in Räume eingesperrt ist und die Aufgabe hat, durch das Lösen von Rätseln aus diesen zu entkommen (quest4exit.de).

Seltsame Dinge sollen sich einst auf den Feldern um **Bamberg** ❷ herum zugetragen haben: Bauern, die sich Brettchen unter die

Tag 5

7 Kulmbach **Km 133**

8 Bayreuth **Km 157**

Füße geschnallt hatten, trampelten auf den jungen Trieben der Zwiebeln herum, damit die ganze Kraft in die Knollen ginge und nicht unnütz ins Grün. Schnell haftete den Bambergern der Spitzname Zwiebeltreter an – ein bis heute nicht böse gemeinter, sondern von den Nachbarn in der Region mit Augenzwinkern gewählter Ausdruck. Die

Altes Rathaus in Bamberg

Liebe zur Zwiebel ist in Bamberg überall zu spüren – zum einen türmt sich das Lauchgewächs an jedem Stand am Grünen Markt mit seinen schmucken Bürgerhäusern, zum anderen ist sie Hauptbestandteil einer geschätzten Ofenspezialität: Die »Bamberger Zwiebel« ist eine dicke ausgehöhlte, mit Schweinehack und Bauchspeck gefüllte Knolle, die man häufig mit Kartoffelbrei und einer pikanten dunklen Rauchbiersoße serviert bekommt.

Seit gut 1000 Jahren bildet Bier die Lebensgrundlage vieler hiesiger Berufsstände, wie etwa von Büttnern oder Kupferschmieden. Neun Braustätten (oder auch bis zu 15, wenn man Mikro- und Hausbrauereien hinzuzählt), zwei Mälzereien und eine Brauereimaschinenfabrik: Fast nirgendwo in Deutschland hat sich die Bierkultur so lebendig erhalten wie in der oberfränkischen Metropole. Bürgern und Gästen dient das Hopfengetränk damals wie heute nicht nur als Durstlöscher, es beschert ihnen in erster Linie viele vergnügliche Stunden in den urgemütlichen Gasthäusern.

Tag 2

KEIN GELD, KEIN PROBLEM

1000 Jahre Braukultur gehen einher mit der Geschichte des Kaiserdoms, dem Herzstück der Bistumsstadt. Sein Bau beruht auf einer Stiftung von Kaiser Heinrich II. Hier liegt Papst Clemens II. begraben – seine Ruhestätte ist das einzige vom Vatikan anerkannte Papstgrab nördlich der Alpen. Aufgrund ihrer Einzigartigkeit zählt die Altstadt seit 1993 zum Weltkulturerbe der UNESCO. Die Gebäude in der Alten Hofhaltung bildeten früher den Kern der Kaiser- und Bischofspfalz und waren mit dem Dom verbunden. In den Erdgeschossen befanden sich Küche, Ställe, Schmiede und andere Werkstätten. In den oberen Stockwerken residierte der Fürstbischof. Durch die Schöne Pforte gelangen wir in den Innenhof – das Tor schuf 1573 der Bildhauer Pankraz Wagner, es zeigt u. a. ein Relief der heiligen Maria.

Die Neue Residenz konnte in ihrer heutigen Pracht nur deshalb entstehen, weil der Papst

Schmuckreiches Haupttor, der Zugang zur Altstadt.

Die Stadt bietet viele schöne Winkel.

1697 eine wegen Geldknappheit verhängte Haushaltssperre einfach ignorierte. Wieder leiteten Johann Dientzenhofer und Lothar Franz von Schönborn die Planungen. Der Bau wurde 1703 eingeweiht. Es gibt täglich Führungen durch die Wohn- und Prunkräume, darunter den mit prächtigen Fresken geschmückten Kaisersaal (residenz-bamberg.de).

Der Legende nach wollte die Geistlichkeit den Bürgern kein Grundstück für ein Rathaus gewähren, daher rammten diese einfach dicke Baumstämme in das Flussbett der Regnitz, um ein Fundament zu schaffen. Das Brückengebäude präsentiert sich heute in einem farbenfrohen barocken Kleid, der Kern ist jedoch gotisch geblieben. Es scheint, als würde das 1688 vorgebaute Rottmeisterhaus über dem Wasser schweben. Das Prachtgebäude diente u. a. als Kulisse in einer Neuverfilmung der »Drei Musketiere«.

Bambergs Bierspezialität sollte man unbedingt einmal probieren: das Rauchbier, ein für Nichtortsansässige zunächst gewöhnungsbedürftiges Gebräu – am besten stilecht im urigen Gastkeller im »Aecht Schlenkerla« in der Dominikanerstraße zu Füßen des Doms. Zum Ausschank kommt dort ein herbes dunkelbraunes, untergäriges Märzenbier, gezapft nach alter Tradition aus Eichenholzfässern. Der Name Schlenkerla ist keine Anspielung auf die Auswirkungen von übermäßigem Alkoholkonsum, sondern geht vermutlich auf den ersten Wirt zurück, der – so erzählt der Volksmund – »a wengla mit seine Orm gschlendert hot«.

Klein-Venedig heißt ein ausgesprochen malerischer Stadtteil, der die Besucher mit seinem einzigartigen Charme verzaubert. Zahlreiche windschiefe Fischerhäuser aus dem 17. und 18. Jahrhundert säumen das Regnitzufer. Ihre blumengeschmückten Fassaden spiegeln sich im Fluss und schaffen ein bezauberndes Bild, das an die berühmte Lagunenstadt in Italien erinnert. Ultimativer Tipp für alle Romantiker: eine Bootsfahrt in einer original venezianischen Gondel bei Sonnenuntergang auf der Regnitz! Höhepunkt des Volksfests Sandkerwa im August ist das historische Fischerstechen vor der Kulisse Klein-Venedigs. Bamberg gilt darüber hinaus als Gärtnerstadt, was sie als Austragungsort der Bayerischen Landesgartenschau 2012 eindrucksvoll unter Beweis stellte.

Tag 3

GOLD UND GLANZ

Nach 25 Minuten Fahrt ab Bamberg erreichen wir **Bad Staffelstein** ❸, das durch seine schöne Lage im oberfränkischen Teil des Naturparks Fränkische Schweiz besticht. In der Obermain Therme im Ort sprudeln die wärmsten und stärksten Solequellen im Land. Die Bad Staffelsteiner Sole gilt mit ihrer hohen Mineralisierung von zwölf Prozent in Kombination mit der Quelltemperatur von 52 °C als besonders wohltuend für Wirbelsäule und Gelenke. Sie soll darüber hinaus rheumatische Beschwerden lindern, den Blutdruck stabilisieren und Herz und Kreislauf stärken. Die Therme verfügt über einen neu angelegten Wohnmobilstellplatz (obermaintherme.de). Die Stadt und ihre Umgebung bieten daneben zahlreiche Wanderwege, wie etwa rund um den Staffelberg mit seinen weiten Ausblicken über das Maintal. Zur Einkehr laden viele familiengeführte Gastwirtschaften mit gemütlichen Biergärten.

Nur unweit entfernt: die **Basilika Vierzehnheiligen** ❹, die sich über dem linken Mainufer erhebt. Die Wallfahrtskirche ist ein

»Bamberger Zwiebel«, ofenfrisch

spätbarockes Meisterwerk von Balthasar Neumann (1687–1753), einem der bedeutendsten Baumeister seiner Zeit. Sein Künstlerkollege Johann Jakob Michael Küchel schuf den unvergleichlich prachtvollen Gnadenaltar mit der Darstellung der 14 heiligen Nothelfer. Deren Verehrung hat eine lange Tradition: Sie sollen Menschen in schwierigen Lebenslagen Trost und Kraft spenden.

Die Veste Coburg, oft auch die »Fränkische Krone« genannt, gehört zu den größten und am besten erhaltenen Burganlagen in

Spezielles Angebot: romantische Gondelfahrt auf der Regnitz

Deutschland. Sie thront über **Coburg** ❺ und bietet eine wunderbare Aussicht auf Stadt und Land. Die Burg wurde 1056 erstmals urkundlich erwähnt und beeindruckt durch ihre imposante Architektur. Prominenter Gast war 1530 Martin Luther; er arbeitete hier während des Augsburger Reichstags an seiner Bibelübersetzung. Die dicken Mauern der Veste beherbergen heute bedeutende kunst- und kulturgeschichtliche Sammlungen. Das Museum zeigt u. a. Waffen und ein Kupferstichkabinett. Wir bestaunen daneben einige großartige Gemälde von Lucas Cranach und Albrecht Dürer sowie Plastiken von Tilman Riemenschneider.

Tag 4

STARKE FRAUEN

Unweit von Coburg erstreckt sich über den Dächern von **Kronach** ❻ die ebenfalls mächtige Festung Rosenberg, die in ihrer 750-jährigen Geschichte nie erobert wurde. Innerhalb ihrer Mauern ist die Fränkische Galerie beheimatet, die eine erstklassige Auswahl von Kunstwerken aus Spätgotik und Renaissance präsentiert, darunter wertvolle Gemälde von Lucas Cranach dem Älteren (1472–1553), einem Sohn der Stadt. Ein weiterer Anziehungspunkt sind die Rosenberg Festspiele, die jedes Jahr im Sommer auf der Festung stattfinden.

Nach dem Museumsbesuch schlendern wir vergnügt durch die historische Altstadt mit ihren engen Gassen, kleinen Geschäften und charmanten Cafés. In der Vergangenheit war es hier nicht immer so friedlich:

Klein-Venedig mit bunten Fischerhäusern

Einen der vermutlich schwersten Tage erlebten die Einwohner Kronachs am 21. März 1634, als Herzog Bernhard von Sachsen-Weimar mit seinen Männern die Stadt erobern wollte – die Abwehr gelang nur mit Hilfe der Frauen im Ort, die Steine auf die Angreifer warfen und diese mit kochendem Wasser übergossen. Eine jährliche Prozession nach Fronleichnam erinnert daran.

Wahrzeichen von **Kulmbach** ❼ ist die Hohenzollernfeste Plassenburg, deren Innenhof mit ihren reich verzierten Arkadengängen die Atmosphäre eines Fürstenhofs in der Renaissance aufleben lässt. Die gewaltige Burg spielte jahrhundertelang eine Schlüsselrolle in der langen und wechselvollen Geschichte der Region. Sie diente im Lauf der Zeit als Residenzschloss, Festung und als Gefängnis. Die Mauern bergen heute das Deutsche Zinnfigurenmuseum. Es umfasst eine Sammlung von rund 300 000 Zinnfiguren. Detailgetreu gestaltete Dioramen lassen wichtige Ereignisse wie historische Schlachten wiederaufleben. Die Ausstellung gewährt zudem einen Einblick in die Kunst der Zinnfigurenherstellung.

Basilika Vierzehnheiligen

Man bezeichnet Kulmbach oft als die »heimliche Hauptstadt des Bieres«. In der historischen Altstadt unterhalb der Burg reiht sich eine Gastwirtschaft an die andere. Jedes Jahr findet Ende Juni/Anfang Juli rund um Marktplatz und Langgasse drei Tage und Nächte lang das Kulmbacher Altstadtfest mit großer Tanz- und Festbühne statt. Im Bayerischen Brauereimuseum im Kulmbacher Mönchshof erfahren wir einiges über die Geschichte des Bierbrauens und die lokale Braukunst. Das Bayerische Bäckereimuseum und das Deutsche Gewürzmuseum befinden sich ebenfalls in diesem Gebäude auf dem Gelände der stillgelegten Mönchshofbrauerei (kulmbacher-moenchshof.de).

Tag 5

DIE SCHÖNEN DINGE DES LEBENS

Die Verlegung der Residenz der Markgrafschaft von Kulmbach nach **Bayreuth** 8 im Jahr 1603 gab der mittelfränkischen Metropole großen Auftrieb. Unbedingt einen Besuch wert ist das Markgräfliche Opernhaus, das als das prunkvollste Barocktheater in Europa gilt. Auftraggeberin für den Bau war im 18. Jahrhundert die Markgräfin Sophie Friederike Wilhelmine, die Lieblingsschwester Friedrichs des Großen. Sie ließ auch die Eremitage vor den Toren der Stadt erweitern, die mit Wasserspielen und Sonnentempel ein Refugium vom höfischen Leben bot.

Das Neue Schloss Bayreuth entstand ab 1753 unter Markgraf Friedrich von Brandenburg-Bayreuth. Es ist im Inneren reich dekoriert: Zu den Glanzstücken zählen z. B. das Spiegelscherbenkabinett, der Salon mit Golddecke und das Alte Musikzimmer. Im Schloss befinden sich verschiedene Museen, darunter die »Bayreuther Fayencen – Sammlung Rummel« und die »Galante Miniaturen – Sammlung Dr. Löer«. Letztere zeigt in drei neu gestalteten Museumsräumen rund 100 Miniaturgemälde, überwiegend von französischen Malern im 18. Jahrhundert geschaffen. Die Werke vereinen Schönheit, Erotik und Witz.

Das Richard-Wagner-Museum im Haus Wahnfried am Rand des Hofgartens dokumentiert Leben und Werk von Richard Wagner sowie die Geschichte der Festspiele.

Zum Abschluss unseres Bayreuth-Besuchs erfahren wir im Rahmen einer Tour durch die Maisels-Bier-Erlebniswelt, wie früher in der Brauerei Maisel Bier gebraut wurde und wie sich das Brauhandwerk im Lauf von vier Generationen weiterentwickelte. So steht z. B. die moderne Maisel & Friends Bierwerkstatt für Innovationen und neue Geschmackskreationen (maiselandfriends.com).

Campinginsel Bug in Bamberg

Camping- und Stellplätze

Stellplatz am Restaurant Aischblick
Große Bauerngasse 88a, 91315
Höchstadt an der Aisch,
Tel. 09193/6980 90, aischblick.de
GPS: 49.702389, 10.82481
3 Stellplätze mit Strom am renommierten Gasthof in Autobahnnähe

Campinginsel Bug
Am Campingplatz 1,
96049 Bamberg-Bug,
Tel. 0951/563 20, campinginsel.de
GPS: 49.86204, 10.91750
Schön gelegener Platz unter Bäumen am Flussufer

Stellplatz Ketschenanger
Schützenstraße 1, 96450 Coburg,
Tel. 09561/741 80, coburgmarketing.de
GPS: 50.252912, 10.963988
Einfacher Stellplatz ohne Service in Zentrumsnähe

Stellplatz Hammermühle
Am Sand, 96317 Kronach,
Tel. 09261/972 39, kronach.de
GPS: 50.230833, 11.328333
Asphaltiertes Areal für 12 Wohnmobile fußläufig zur Altstadt

Stellplatz Grünewaldstraße
Grünewaldstraße 3, 95448 Bayreuth,
Tel. 0921/250, bayreuth.de
GPS: 49.944469, 11.593106
Stellplatz für 26 Wohnmobile für maximal 3 Nächte

Auf Genießertour durch Oberfranken

Kraichgau

Württemberger Weine

Sie wollten schon immer wissen, wo Lemberger und Trollinger wachsen? Diese Tour verrät es Ihnen!

TOURENLÄNGE
121 Kilometer

START UND ZIEL
Von Karlsruhe nach Bad Wimpfen

0 10 km
N
Rhein
Bensheim
Odenwald
Erbach
Worms
Lampert-
heim
Weinheim
Wald-
Michelbach
Walldürn
Frankenthal
Viernheim
Mudau
Eberbach
Neckar
Heidel-
berg
Adelsheim
Neustadt
a. d. Weinstraße
Speyer
Stellplatz am
Gesundheitszentrum
Sinsheim
8
Bad Wimpfen
Neckarsulm
Weingut Echle
Stellplatz
Talaue am Kloster
Weinsberg
Eppingen
5
Heilbronn
Kraichgau
Bruchsal
Bracken-
heim
Ober-
derdingen
6
Weingarten
Bretten
2
Güglingen
Lauffen
Stromberg
Camping
7
Bönnigheim
Karlsruhe
1
Knittlingen
4
Kloster Maulbronn
Stellplatz am
Mineralfreibad
Camping Durlach
Ettlingen
Ölbronn
3
Mühlacker
Bietigheim-
Bissingen
Backnang
Rhein
Pforzheim
Enz
Gaggenau
Leonberg
STUTTGART
Baden-
Baden
Sindelfingen
Forbach
Kirchheim
unter Teck
Kappel-
rodeck
Altensteig
Herrenberg
Baiersbronn
Freudenstadt
Rottenburg
Reutlingen

10

Land der 1000 Hügel

Alte Kulturlandschaft neu entdeckt

Obstwiesen und Weinberge prägen den Kraichgau, diese alte Kulturlandschaft zwischen Schwarzwald und Odenwald – und Heimat vieler Dichter und Denker, darunter der Reformator Philipp Melanchthon, der erste Bundespräsident der Bundesrepublik Deutschland Theodor Heuss und viele mehr. Wir starten in der alten Bierstadt Karlsruhe.

Tag 1

MIT VIEL LIEBE GEBRAUT

Alle Wege in **Karlsruhe** (1) führen zum Schloss. Der fächerförmige Verlauf der Straßen im Zentrum ist charakteristisch für die frühere badische Residenzstadt. Karlsruhe ist heute u. a. Sitz des Bundesgerichtshofs und des Bundesverfassungsgerichts. Die Stadt verdankt ihre Entstehung dem Markgrafen Karl Wilhelm von Baden-Durlach, der hier 1715 eine neue Residenz gründete. Das Schloss beherbergt

»Biertempel« Carls Wirtshaus

Tag 1 – Tag 2 – Tag 3

1 Karlsruhe Km 0
2 Bretten Km 27
3 Ölbronn Km 36
4 Kloster Maulbronn Km 42
5 Eppingen Km 66
6 Brackenheim Km 85
7 Bönnigheim Km 92

Einkehr auf dem Marktplatz in Bretten

das Badische Landesmuseum mit Exponaten aus der Vor- und Frühgeschichte.

Ausrangierte Schiffscontainer – zu Ideenwerkstätten umgebaut – reihen sich im »Perfekt Futur«, einem Gründungszentrum für Kreative, im Alten Schlachthof. In der Halle gegenüber lädt Carls Wirtshaus die Freunde handgebrauter Biere zum Craft Beer Tasting ein. Karlsruhe zählte bis ins 19. Jahrhundert hinein mit 29 Brauereien zu den größten Bierstädten in Deutschland. Heute dominieren Haus- und Mikrobrauereien.

ALLES BIO

Deutschlands erstes Bio-Fine-Dining-Restaurant, das Restaurant erasmus, ausgezeichnet mit dem grünen MICHELIN-Stern, lädt zu italienisch inspirierter Küche in einem denkmalgeschützten Bauhaus-Gebäude ein (erasmus-karlsruhe.de).

Die Stadt punktet darüber hinaus mit einer aktiven Kunst- und Kulturszene sowie mit ausgezeichneten Restaurants und Bars. Das Zentrum für Kunst und Medien (ZKM) gehört zu den bedeutensten Stätten interaktiver Medienkunst – weltweit. Zwei große Erfinder erblickten in Karlsruhe das Licht der Welt: Karl Friedrich von Drais, der das Laufrad erfand, und Carl Benz, der den Benzinmotor entwickelte.

Auch aus dem angrenzenden Kraichgau stammen seit jeher kluge Köpfe: So ist beispielsweise **Bretten** 2, ein fachwerkbuntes

Tag 4

8

Bad Wimpfen
Km 121

Städtchen unweit östlich der Badenmetropole, der Geburtsort des Reformators Philipp Melanchthon (1497–1560). Der Freund und Mitstreiter Martin Luthers wurde im Alter von zwölf Jahren an der Universität Heidelberg eingeschrieben. Er blieb seiner Heimat zeitlebens verbunden. Ein Gemälde im Melanchthonhaus am Marktplatz stellt

Das Auge isst mit im »erasmus«.

die rührende Szene dar, wie Philipp 1524 beim Anblick der Stadttürme neben seinem Pferd niederkniet und betet. Das Gebäude im neugotischen Stil, 1903 zu seinen Ehren errichtet, zeigt im Inneren die Standbilder von sieben Reformatoren.

Samstagmorgens bietet sich ein beschaulicher Spaziergang über den Wochenmarkt an, wo heimisches Obst und Gemüse Augen und Nase verführen. Ein Geschmackserlebnis erster Güte versprechen daneben »Äpfele« und »Birnle«, wie die in der Region erzeugten Säfte heißen. Die ökologisch wertvollen Obstwiesen liegen vor allem im westlichen und südlichen Teil. Da selten gemäht, bilden sie das letzte Refugium vieler Blütenpflanzen, darunter Berg-Lungenkraut und Platterbse. Spechte legen in den Stämmen ihre Höhlen an, Kleiber picken Kleintiere aus den Ritzen der Rinde.

Tag 2

WAS HIER ALLES WÄCHST

Am Eichelberg in **Ölbronn** 3, der Westspitze des Stromberg-Höhenzugs, kann man die verschiedenen Nutzungsformen gut auf einen Blick erkennen: Streuobstanbau überzieht die flachen Hänge, Weinbau die Steillagen und Wald die Kuppen. Ein Auf und Ab prägt die Landschaft des Kraichgaus – Beinamen wie »Land der 1000 Hügel« sind daher berechtigt. Nicht selten krönt eine Burg die Hügelkuppe, wie z. B. die Ruine Steinsberg südlich von Sinsheim mit gepflegter Gastronomie. Schloss Stocksberg erhebt sich indes stolz über dem Winzerdorf Stockheim. Das gediegene Anwesen ist im Rahmen von jährlich stattfindenden Veranstaltungen für jedermann zugänglich, darunter Ausstellungen und Konzerte sowie »Park Träume«, ein Markt mit ausgesuchten Kostbarkeiten.

Das **Kloster Maulbronn** 4 im Süden der Region überstrahlt alle Bauwerke im weiten Umkreis mit seiner Schönheit und kunsthistorischen Bedeutung. Zu Recht gilt es als die prächtigste und am besten erhaltene Klosteranlage der Zisterzienser nördlich der Alpen. Bereits das Betreten der Vorhalle der Klosterkirche, Paradies genannt, versetzt uns

Bretten ist ein beschauliches Kraichgaustädtchen.

Rathaus Eppingen im Weinbrennerstil

in Staunen. Ihr Kreuzrippengewölbe macht sie zu einem Meisterwerk, dessen unbekannter Erbauer den frühgotischen Stil um 1220 aus Nordfrankreich nach Maulbronn brachte. Ebenfalls einzigartig: die aus Tannenholz geschnitzten Portaltüren der Kirche. Sie gehören zur Originalausstattung von 1178 und sind die ältesten bekannten Türen in Deutschland. Die Maßwerkfenster im Kreuzgang und in der eingebundenen Brunnenkapelle sind weitere Beispiele einer damals hochentwickelten Steinmetzkunst. Herzog Christoph von Württemberg bestimmte 1534 Maulbronn zur Klosterschule. Berühmte Schüler waren u.a. Hermann Hesse, Friedrich Hölderlin und Johannes Kepler (kloster-maulbronn.de).

Tag 3

PERFEKTER STILMIX

Auch **Eppingen** 5 ist umgeben von sanften Hügeln und Weinbergen. Der alte Kern der Stadt steht seit 1983 als Gesamtanlage unter Denkmalschutz. Wahrzeichen sind u.a. der Pfeifferturm (13. Jh.), der ursprünglich als Wachtturm diente, und die gotische

Kirche Unsere Liebe Frau. Diese zeigt im Turmsockel sehr hochwertige Wandmalereien aus dem 14. Jahrhundert. Das Baumannsche Haus, erbaut 1596, ist mit seiner reich verzierten Fassade ein wahres Schmuckstück der Fachwerkarchitektur und ein wichtiges Zeugnis der damaligen städtischen Wohnkultur. Es dient heute als Museum für lokale Geschichte und Kultur.

Viele weitere Fachwerkhäuser unterschiedlicher Epochen prägen die Altstadt. Das Schwebegiebelhaus etwa weist eine seltene alemannische Konstruktion auf. Die Ratsschänke und das Bäckerhaus aus dem 15. Jahrhundert gelten als die ältesten Fachwerkhäuser im Kraichgau. Weitere markante Gebäude sind die 1772 erbaute Alte Synagoge mit Hochzeitsstein und das Leiningensche Schlössle. An der Ecke Zunfthausgasse/Kettengasse treffen alemannisches, fränkisches und barockzeitliches Fachwerk unmittelbar aufeinander.

Aus **Brackenheim** 6 stammte Theodor Heuss (1884–1963), von 1949 bis 1959 der erste Bundespräsident der Bundesrepublik Deutschland. Ein ihm gewidmetes Ausstellungshaus dokumentiert sein Leben und Wirken. Schmuckreiche Fachwerkhäuser prägen den alten Ortskern, der sich anschließt. Durch die Stadt verläuft die Württemberger Weinstraße – kein Wunder, ist sie doch mit rund 800 Hektar Rebfläche die größte Weinbaugemeinde in Württemberg und eine Hochburg der Sorten Lemberger und Trollinger.

Mit **Bönnigheim** 7 erreichen wir eine weitere wichtige Station an der Weinstraße. Die Stadt ist alt: Ihre erste urkundliche Erwähnung findet sich im Lorscher Codex, datiert vom 16. Februar 793. Neben vielen schönen Fachwerkhäusern sticht das feudale Schloss ins Auge, erbaut 1756 vom Architekten Anton Haaf für Friedrich Graf Stadion, Großhofmeister am kurfürstlichen Hof zu Mainz. Wann das erste Alkohol-Destillationsgerät erfunden wurde und vieles mehr zu diesem Thema, erfährt man sonntags (April–Okt.) im Schwäbischen Schnapsmuseum bei einer Verkostung in urigem Ambiente (schwaebisches-schnapsmuseum.de).

Klosterhof in Maulbronn

Tag 4

WO ROTBART RESIDIERTE

Eine weitere Perle in der Region ist die Altstadt von **Bad Wimpfen** 8 auf einem Bergrücken über dem Neckar am Nordostrand des Kraichgaus. Sie bildet ein Gesamtkunstwerk – besondere Perlen sind z. B. das Bürgermeister-Elsässer-Haus und das Bügeleisenhaus, eines der schmalsten seiner Art in Deutschland.

Burg Neipperg bei Brackenheim

Wahrzeichen ist der Blaue Turm mit 650-jähriger Türmertradition. Bemerkenswert ist sein gewaltiger Aborterker. Der Turm wurde um 1170 unter Kaiser Friedrich I. Barbarossa aus dem Geschlecht der Staufer gebaut – als westlicher Bergfried der ehemals größten Kaiserpfalz nördlich der Alpen. 167 Stufen führen nach oben, 58 Meter ragt sein blau schimmerndes Schieferdach in den Himmel. Ihm verdankt der Turm seinen Namen. Nach drei Bränden in seiner Geschichte – der letzte ereignete sich 1984 – hat der Turm sein Aussehen immer wieder verändert. Sockel und Eingang entstanden im 19. Jahrhundert, ebenso wie der Aufsatz mit seinen Türmchen und Zinnen, in dem sich die Türmerwohnung befindet. So manches Feuer in der Stadt entdeckten die Türmer von hier oben. Aktuell liegt diese wichtige Aufgabe in den Händen einer Türmerin.

Aus der Stauferzeit ebenfalls noch erhalten: Roter Turm, Pfalzkapelle, Arkaden des Palas und Steinhaus. Unter den Stauferkaisern erlangte Wimpfen im Mittelalter den Status einer Metropole. Die Majestäten hielten immer wieder Hoftage in der Pfalz oberhalb des Neckars ab.

Wir schauen durch die Arkadenfenster des Pallas: Unten im Tal schlängelt sich lautlos der Fluss. Ab und an unterbricht das Tuckern eines Schiffs die Stille, die sich wohltuend über Stadt und Land ausbreitet. Dass viele alte Häuser so prächtig dastehen, ist ein Wunder, denn nach dem Dreißigjährigen Krieg (1618–1648) war Wimpfen völlig zerstört und ein Großteil der Bürger geflohen oder verarmt. Die Schlacht zu Wimpfen 1622 unter der Beteiligung des Feldherrn Tilly zählt zu den grausamsten Kämpfen in den Anfangsjahren dieses Kriegs. Der Geschichte näher auf den Grund gehen kann man am besten im Rahmen einer Stadtführung. Viele schätzen es, von einem im wallenden Gewande gekleideten Führer die Stadt und ihre Geschichte erklärt zu bekommen – dabei lernt man manch verborgenen Winkel kennen, den man allein vielleicht nicht entdeckt hätte.

Übrigens: Bereits die Römer siedelten im heutigen Bad Wimpfen im Tal am strategisch wichtigen Zusammenfluss von Kocher, Jagst und Neckar.

Camping- und Stellplätze

Camping Durlach
Tiengener Straße 40, 76227 Karlsruhe-Durlach,
Tel. 0721/94 30 34 30, ka-camping.de
GPS: 49.006944, 8.482222
Campingplatz mit solider Ausstattung am Freibad

Stromberg Camping
Diefenbacher Straße 70, 75438 Knittlingen-Freudenstein,
Tel. 07043/21 60, strombergcamping.de
GPS: 49.03493, 8.83343
Gepflegter Campingplatz mit Freibad

Stellplatz Talaue am Kloster
Hilsenbeuerstraße/Talaue, 75433 Maulbronn,
Tel. 07043/10 30, maulbronn.de
GPS: 48.998889, 8.805556
Ausgewiesenes Areal, vom Pkw-Parkplatz getrennt

Nachtlager Bad Wimpfen

Weingut Echle
Marsaner Straße 18, 74336 Neipperg
Tel. 07135/81 34, weingut-echle.de
GPS: 49.102222, 9.048333
Stellplatz in den Weinbergen an einer Besenwirtschaft

Stellplatz am Mineralfreibad
Bachstraße, 74357 Bönnigheim,
Tel. 07143/27 31 51, boennigheim.de
GPS: 49.039167, 9.084167
9 Plätze, zentrumsnah mit Ver- und Entsorgung

Stellplatz am Gesundheitszentrum
An der Alten Saline 2,
74206 Bad Wimpfen,
Tel. 07063/520, badwimpfen.de
GPS: 49.233806, 9.150472
Übernachtungsmöglichkeit fußläufig zur Altstadt

Stilleben in Wimpfener Altstadt

Hohenloher Land

Das Rätsel von Unterregenbach

Niemand weiß, warum ein kleines Dorf an der Jagst im 10. Jahrhundert eine gewaltige Basilika besaß.

TOURENLÄNGE
156 Kilometer

START UND ZIEL
Von Neckarsulm nach Öhringen

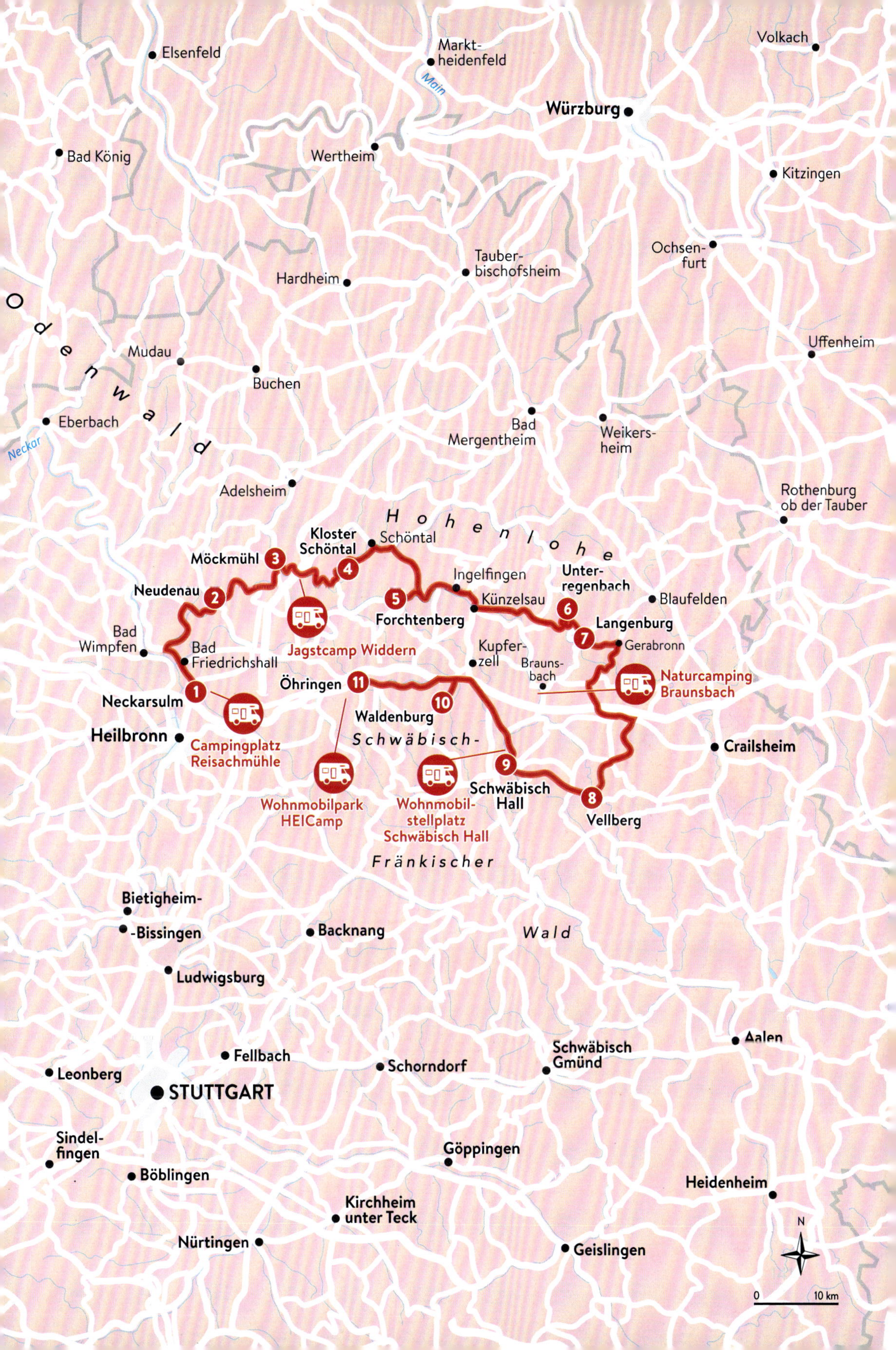

Elsenfeld
Markt-heidenfeld
Main
Volkach
Würzburg
Bad König
Wertheim
Kitzingen
Ochsen-furt
Tauber-bischofsheim
Hardheim
Odenwald
Uffenheim
Mudau
Buchen
Eberbach
Neckar
Bad Mergentheim
Weikers-heim
Adelsheim
Rothenburg ob der Tauber
Hohenlohe
Kloster Schöntal
Schöntal
Möckmühl
Neudenau
Ingelfingen
Unter-regenbach
Forchtenberg
Künzelsau
Blaufelden
Langenburg
Bad Wimpfen
Bad Friedrichshall
Gerabronn
Jagstcamp Widdern
Kupfer-zell
Brauns-bach
Naturcamping Braunsbach
Öhringen
Neckarsulm
Waldenburg
Heilbronn
Campingplatz Reisachmühle
Schwäbisch-
Crailsheim
Schwäbisch Hall
Wohnmobilpark HEICamp
Wohnmobil-stellplatz Schwäbisch Hall
Vellberg
Fränkischer
Bietigheim-
-Bissingen
Backnang
Wald
Ludwigsburg
Aalen
Fellbach
Schorndorf
Schwäbisch Gmünd
Leonberg
STUTTGART
Sindel-fingen
Göppingen
Böblingen
Heidenheim
Kirchheim unter Teck
Nürtingen
Geislingen
N
0
10 km

11

Auf die ruhige Tour

Kleinode zwischen Kocher und Jagst

Hohenlohe lädt von Frühjahr bis Herbst zu erholsamen Rad- und Kanutouren ein. In den Wäldern finden Wanderer ihr Glück, und auch Kultur- und Kunstliebhaber dürfen sich freuen. Die Landschaft prägen sanfte Hügel, weite Ebenen, fruchtbare Ackerflächen und romantische Flusstäler. Historische Schlösser und Burgen zeugen von einer langen Adelsgeschichte. Fleisch aus artgerechter Haltung ist ein weiteres Aushängeschild der Region.

Tag 1

VERKANNTES MAUERBLÜMCHEN

Der Name der Stadt **Neckarsulm** 1 beschreibt ihre Lage in der Nähe der Mündung der Sulm in den Neckar. Neckarsulm (gesprochen Neckar-Sulm) liegt neben Heilbronn in Nordwürttemberg am Südrand des Scheuerbergs, eines im 13. Jahrhundert angelegten Weinbaugebiets. Das Mittelzentrum mit etwa 26 500 Einwohnern ist dennoch für viele Menschen nur als Indus-

Stadtpfarrkirche St. Dionysius

Tag 1			Tag 2		Tag 3	
1	2	3	4	5	6	7
Neckarsulm	Neudenau	Möckmühl	Kloster Schöntal	Forchtenberg	Unterregenbach	Langenburg
Km 0	Km 17	Km 27	Km 45	Km 55	Km 81	Km 85

Weingärten am Scheuerberg

triestandort ein Begriff. Fast jeder kennt etwa das frühere Unternehmen NSU, den in den 1950er-Jahren größten Zweiradhersteller der Welt. Von 1961 bis 1968 feierte die Marke darüber hinaus große Erfolge im Automobilrennsport: mit sechs Siegen bei den Deutschen Automobil-Meisterschaften und 29 bei den Internationalen Tourenwagen-Meisterschaften. Wenig bekannt ist indes, dass nicht nur der Weinanbau um Neckarsulm herum, sondern auch der Ort selbst eine lange Geschichte aufweist. Dafür sprechen im heutigen Stadtgebiet freigelegte, ungefähr 7500 Jahre alte Gefäßscherben und ein vermeintliches Soldatengräberfeld aus der Spätbronzezeit (ca. 1100 v. Chr.), einen nach Meinung der Fachleute einzigartigen Fund, da Erdbestattungen in der damaligen Zeit nicht üblich waren.

ZUM WOHL!

Der Biergarten Saline mit Wintergarten am historischen Kocherkanal in Bad Friedrichshall genießt über die Grenzen der Region hinweg einen guten Ruf. Die Gäste schätzen sowohl die gutbürgerliche Küche als auch das urgemütliche Ambiente (biergarten-saline.de).

Tag 4

8 Vellberg **Km 111**

9 Schwäbisch Hall **Km 122**

Tag 5

10 Waldenburg **Km 141**

11 Öhringen **Km 156**

Die erste Erwähnung des Ortes als villa Sulmana findet sich in einer Schenkungsurkunde im Lorscher Codex aus dem Jahr 771, das man heute als das Gründungsjahr ansieht. Die frühe Siedlung war zunächst im staufischen Besitz, der später in ein Lehen

Kloster Schöntal im Jagsttal

der Herren von Weinsberg überging. Jene Adligen ließen eine Burg auf dem Scheuerberg bauen, von der nur noch Mauerreste übrig geblieben sind, denn aufgebrachte Bauern zerstörten die gewaltige Anlage im Bauernkrieg 1525. Der Deutschorden, der seit 1484 in der Burg seine Verwaltung hatte, verlegte diese nach dem Krieg in das Stadtschloss. Seit 1956 befindet sich darin das Deutsche Zweirad- und NSU-Museum, das mit 400 Ausstellungsstücken die größte historische Sammlung von Zweirädern in Deutschland darstellt. Es zeigt die Entwicklung von der Drais'schen Laufmaschine über Hochräder bis zu den ersten sogenannten Niedersicherheitsfahrrädern. Zu den Höhepunkten in der NSU-Abteilung zählen z. B. der »Prinz« oder der »Ro 80«, ausgestattet mit dem seinerseits revolutionären Wankel-Motor.

Wenige Schritte vom Schloss entfernt erstrahlen wunderbar renovierte Fachwerkhäuser. Daneben laden die Cafés rund um das Rathaus mit seiner prächtigen Rokokofassade zum Verweilen ein.

»Immer schön langsam«, lautet das Lebensmotto vieler Menschen in dem sich von Neckarsulm nach Osten ausbreitenden Hohenloher Land. Dieser fruchtbare, facettenreiche Landstrich mit stolzen alten Städten und idyllischen Dörfern, dem der Ruf als Genießerregion vorauseilt, erstreckt sich, grob umrissen, zwischen den Flüssen Jagst, Kocher und Tauber. Er umfasst drei Gebiete im Osten von Baden-Württemberg: Hohenlohekreis, Landkreis Schwäbisch Hall und den Hohenlohischen Teil des Taubertals. Im Nordwesten grenzt das Bauland an, und im Süden verlaufen Schwäbischer Wald, Limpurger und Ellwanger Berge – und sein Nordostzipfel reicht bis vor die Tore von Rothenburg ob der Tauber.

Neudenau 2 ist unsere erste Station an der Jagst. Der Name Nidenowe (niedere Au) taucht 1251 erstmals in einer Urkunde auf. Der historische Kern des 5600-Einwohner-Städtchens verbirgt sich hinter einem Ring aus Häusern, deren Alter sich schwierig bestimmen lässt. Durch schmale »Gäßle« gelangen wir zum Marktplatz, der von prächtigen Gebäuden im fränkischen Fachwerkstil umringt ist. Schmiedeeiserne Schilder längst aufgegebener Gasthäuser

Herausgeputzt: Möckmühl mit schönen Fachwerkhäusern

Familienausflug auf der Jagst

und großartige Giebeldächer vervollständigen das bezaubernde Bild. Das Rathaus stammt von 1587. Den Marktbrunnen ziert die Figur des Heiligen Michael.

Die gesamte Altstadt ist reich an bemerkenswerten Fachwerkbauten, die bis ins 15. Jahrhundert zurückreichen, darunter das Sturmfeder'sche Haus von 1479. Ebenso erhalten sind Teile der mittelalterlichen Stadtmauer. Die katholische Pfarrkirche Sankt Laurentius wurde ab 1742 an Stelle einer älteren gotischen Kirche im spätbarocken Stil erbaut; deren Turm blieb erhalten.

Außerhalb des Orts besuchen wir die romanische Gangolfskapelle. Die 1276 erstmals beurkundete Kirche war die Pfarrkirche des verschwundenen Dorfs Deitingen und ist berühmt für ihre Pferdewallfahrt, dem Gangolfsritt: Bis zu 300 Reiter nehmen am zweiten Sonntag im Mai an dieser Prozession teil, die man bis ins Jahr 1497 zurückverfolgen kann. Der Kirchenpatron Gangolf gilt als der Schutzherr von Quellen, Reitern und Pferden. Das von außen unscheinbar wirkende Gotteshaus birgt wertvolle, wunderschöne Wandmalereien, u. a. mit Darstellungen des Jüngsten Gerichts (gangolfskapelle.de).

Ein weiterer sehenswerter Ort am Fluss ist **Möckmühl** 3. Seine Wehrmauer ist weitgehend intakt. Die Türme tragen seltsame Namen, wie etwa Schinnersturm oder Batzentürmle. In leuchtendem Gelb erstrahlt das Gebälk am Rathaus von 1592 (moeckmuehl.de).

Tag 2

MAULBRONNER NEUGRÜNDUNG

Wir liegen lang gestreckt im Gras, blicken entspannt in den blauen Himmel und genießen die warmen Sonnenstrahlen. Unten zwischen den Büschen plätschert die Jagst. Ringsum Felder, Wiesen und Wälder. Vom Fluss nähern sich Stimmen: Junge Eltern im Kajak zeigen ihrem Filius – er wirkt im Umgang mit dem Paddel noch etwas tapsig –, wie man es richtig macht. Über unseren Köpfen erheben sich die schwarz-weißen Türme von **Kloster Schöntal** 4. Seine mächtige Erscheinung und die zahlreichen Wirtschaftsgebäude verraten seine einstige Bedeutung. Mönche aus Maulbronn gründeten die Abtei im 12. Jahrhundert, später kamen Besitzungen in mehr als 150 Orten hinzu. Der Schöntaler Abt leitete die Abordnung der Zisterzienseräbte auf dem Konstanzer Konzil (1414–1418). Das Kircheninnere ist reich mit Stuck verziert, mehrere Alabasteraltäre sind zu bestaunen, und im Chor steht ein mächtiger Hochaltar. Bei so viel Glanz verwundert es nicht, dass hier etliche Adlige ihre letzte Ruhestätte gefunden haben, wie etwa aus dem Haus von Berlichingen nebst ihrem berühmten Sohn Götz, dem »Ritter mit der eisernen Hand«. Er wohnte zeitweise in der Götzenburg im Nachbarort Jagsthausen.

Doch zurück ins Hier und Jetzt: Wohnmobile, Motorrad- und Radlergruppen passieren im Wechsel die einspurige Brücke in Schöntal. Der Ansturm der Wochenendausflügler ist enorm, und die Parkmöglichkeiten sind begrenzt. In weiser Voraussicht haben wir daher Quartier auf dem Stellplatz Jagstcamp in Widdern bezogen, ein Stück flussabwärts, und sind hierher geradelt.

Hinter Schöntal geht es weiter über Bieringen und Westernhausen hinüber ins Kochertal. Die Zwillingsflüsse Kocher und Jagst entspringen zwischen Aalen und dem Nördlinger Ries, durchschneiden das Hohenloher Land und münden nahe beieinander nördlich von Neckarsulm in den Neckar. Der 338 Kilometer lange Kocher-Jagst-Radweg führt zu den schönsten Ecken.

Historische Brücke in Schöntal

Der Name Jagst kommt von »die Jagende, die Wilde«, während Kocher sich von »der Gekrümmte« ableiten lässt. Unsere erste Station am Kocher ist das beschaulich romantische **Forchtenberg** 5. Der turmbewehrte Ort ging aus der Siedlung Wülfingen hervor, die im 3. Jahrhundert entstand. Stadtgründer war 1000 Jahre später Graf Konrad von Dürn. Ins Zentrum gelangen wir durch das wunderbar erhaltene Stadttor mit verschnörkeltem Giebelkranz. Die Michaeliskirche bewahrt einen Stein aus vorchristlicher Zeit. Im Rathaus wurde Sophie Scholl geboren, die berühmte Widerstandskämpferin gegen den Nationalsozialismus, deren Vater in den 1920er-Jahren hier Bürgermeister war.

Tag 3

FRAGEN ÜBER FRAGEN

Früh beginnt der Frühling rings um die Flüsse. Den Anfang macht der Seidelbast mit seinen rosaroten Blüten, dann öffnet die Nieswurz ihre grüngelben Kelche. Man findet diese Pflanze im Jagsttal bei der Neidenfelser Mühle. Ab Ende April leuchten gelb die Wilden Tulpen. Entdecken kann man die streng geschützte Art um Schloss Tierberg im Kochertal und bei **Unterregenbach** 6 im Jagsttal, unserem nächsten Ziel. Seit beinah 150 Jahren versuchen Forscher das »Rätsel von Unterregenbach« zu lösen. Der idyllische Weiler war vermutlich im frühen Mittelalter ein Ort von großer spiritueller Bedeutung. Nicht nur Archäologen stellen sich die Frage, warum hier um diese Zeit zwei Kirchen standen. Gab es dort ein Kloster? Pilger, die sich im 10. Jahrhundert dem Ort näherten, müssen die Basilika bereits aus großer Entfernung gesehen haben: Mit ihren beiden riesigen Türmen und einer Länge von 50 Metern sowie einer Breite von 17 Metern war das Gotteshaus das größte Gebäude im Gebiet des heutigen Württembergs. Die Fundamente der Kirche sind im Pfarrgarten zu bestaunen. Die Pracht währte wohl nicht lange: Ein Brand zerstörte mutmaßlich das Bauwerk im 11. Jahrhundert. Der Wiederaufbau geschah zögerlich, bis die Basilika im 13. Jahrhundert schließlich verschwunden war. Die Krypta wurde 1880 beim Bau des Pfarrhauses wiederentdeckt und 1976 in altem Glanz wiederhergestellt. Besonders schön sind die reich verzierten Säulen, welche die Apsis tragen. Wurde hier eine Reliquie verehrt? Der Besuch der Krypta ist ein überraschendes Highlight auf unserer Tour. Ansprechpartner vor Ort ist Hans-Jörg Wilhelm (stiftung-unterregenbach.de).

Auf einer steilen Wand entdeckt man hoch über der Jagst das ummauerte Städtchen **Langenburg** 7. Das hiesige mächtige Schloss am Westrand geht auf eine Stauferburg aus dem 13. Jahrhunderts zurück und wurde zwischen 1575 und 1627 zur prachtvollen Residenz der fürstlichen Familie zu Hohenlohe-Langenburg ausgebaut; der wunderschöne Renaissance-Innenhof sticht besonders hervor. Im Marstall ist das Deutsche Automuseum untergebracht, das u. a. Personenkraftwagen ab 1873 und Rennautos aus mehreren Ländern zeigt. Die Idee dazu hatten Ende der 1960er-Jahre Fürst zu Hohenlohe-Langenburg und der Motorsportjournalist und Rennfahrer Richard von Frankenberg bei einer guten Flasche Wein. Im März 1970 eröffneten sie das damals erste Museum dieser Art in Deutschland.

Tag 4

GUTES AUS DER GEGEND

Das Festungsstädtchen **Vellberg** 8 thront über dem Bühlertal. Der Ort ist – soweit man weiß – gut 900 Jahre alt. In einer Urkunde vom 3. Mai 1102 erscheint erstmals der Name Heinrich von Vellberg. Die Burg wurde wahrscheinlich im 11. Jahrhundert von den Staufern errichtet. Der imposante Torturm stammt von 1489. Elf Jahre später verlieh Kaiser Maximilian der Siedlung das Recht, jährlich vier Märkte zu veranstalten. 1506 erhielt Vellberg die Stadtrechte. Die mobilen Gäste von heute dürfen zwischen zwei Stellplätzen wählen: Der eine befindet sich am Burggraben, der andere im Tal.

Edle Fleischerzeugnisse wie etwa Schwäbisch-Hällisches Landschwein, Bœuf de Hohenlohe, Hohenloher Lamm und Limpurger Weideochse locken Restaurantbesucher aus nah und fern in die Region. Selbstversorger schätzen indes die große Zahl an Hofläden, wo sie all die genannten leckeren Sachen und darüber hinaus Schinken, Würste, Käse, Weine und Obstbrände direkt beim Erzeuger erwerben können.

Die Heimatverbundenheit der ansässigen Bevölkerung spielt auch beim Bierbrauen eine große Rolle. So stammt u. a. die Braugerste aus kontrolliertem Anbau von den heimischen Äckern und das Brauwasser in hoher Reinheit aus den tiefen Muschelkalk-Gesteinsschichten. Weltweit begehrt sind z. B. die Biere der Privatbrauerei Engel aus Crailsheim. Als exquisiter Treff für Bierfreunde gilt etwa das Sudhaus an der Kunsthalle Würth in **Schwäbisch Hall** 9. Im Sommer heiß begehrt: ein Tisch auf der Dachterrasse, wo beim Genuss des Selbst-

Kloster-Gasthof Zur Post

gebrauten und der regionalen Gerichte der Blick über die historische Altstadt und das Kochertal schweift.

Wie Funde belegen, betrieben die Kelten vor 2500 Jahren bei Schwäbisch Hall eine Saline. Später bildete das Salz, das »weiße Gold des Mittelalters«, die Basis für den Reichtum der Stadt. Die schönsten Häuser stehen am Markt um die alles überragende Michaelskirche. Die Freilichtspiele auf der Treppe von Sankt Michael sind deutschlandweit bekannt – gegründet wurden sie 1925 als »Jedermann-Festspiele«. Freunde der modernen Kunst lieben die Kunsthalle Würth des Mäzens Reinhold Würth, auch bekannt als »Schraubenkönig«.

Streuobstwinzer Hans-Jörg Wilhelm

Tag 5

CHARMANTES AUF UND AB

Der Liebreiz der Region rührt zu einem Großteil von den besagten Flüssen, die sich anmutig durch Wald und Wiesen schlängeln. Die Hohenloher Ebene, die sich im Herzen erstreckt, wird ihrem Namen oft nicht gerecht – nur wenn man vom ehemaligen Wehrdorf **Waldenburg** 10, das auf einem Bergrücken liegt, herabschaut, mag die Landschaft auf den ersten Blick flach erscheinen. Wer aber jemals eine Radtour von Fluss zu Fluss unternommen hat, wird die vielen schweißtreibenden Anstiege bestätigen. Teilweise hat sich das Wasser mehr als 100 Meter tief in den Muschelkalk gegraben. Man nennt Waldenburg wegen seiner exponierten Lage auf einem Berg auch den »Balkon Hohenlohes«. Bis 1679 war der kleine Ort Sitz der Herren von Hohenlohe-Waldenburg.

Von Waldenburg aus wandern wir zum Neumühlsee, einem beliebten Badeplatz, und zurück über den Jagdhaussee (Gehzeit 4.45 Std.). Ein weiterer Glanzpunkt am Weg: der geschützte, schilfgesäumte Rößlesmahdsee. Als unerwarteter glanzvoller Schlusspunkt entpuppt sich **Öhringen** 11 am Kocherzufluss Ohrn. Beherrschendes Gebäude am Marktplatz ist die Stadtkirche, errichtet von Baumeistern aus der Uracher Schule. Nicht minder imposant: das mächtige Schloss auf der Südseite des Platzes.

Wenngleich wir rings um Kocher und Jagst in den letzten Tagen viel gesehen und erlebt haben: Wir kommen bestimmt bald wieder – dann aber mit dem Kajak im Gepäck.

Naturcamping Braunsbach

Camping- und Stellplätze

Campingplatz Reisachmühle
Reisachmühle 6, 74172 Neckarsulm,
Tel. 07132/21 69,
campingplatz-reisachmuehle.de
GPS: 49.187644, 9.247621
Solide ausgestatteter Platz in Hallenbadnähe am Stadtrand

Jagstcamp Widdern
Heilbronner Straße 11, 74259 Widdern,
Tel. 0151/28 95 49 08,
jagstcamp-widdern.de
GPS: 49.313647, 9.418475
Geschottertes Gelände mit Einstieg zum Jagstradweg

Naturcamping Braunsbach
Im Brühl 1, 74542 Braunsbach,
Tel. 07906/94 06 73,
camping-braunsbach.de
GPS: 49.19697, 9.79085
Gepflegtes Wiesenareal mit Bäumen am Kocherufer

Wohnmobilstellplatz Schwäbisch Hall
Spitalmühlenstraße,
74523 Schwäbisch Hall
Tel. 0791/75 16 00, schwaebischhall.de
GPS: 49.12215, 9.73479
Zentrumsnaher Platz auf einem Parkplatz am Kocher

Wohnmobilpark HEICamp
Verrenberger Weg 33,
74613 Öhringen,
Tel. 07941/989 88 55, heicamp.de
GPS: 49.19236, 9.48023
Komfortabler Stellplatz mit Bistro und Biergarten

Auf dem Weg nach Langenburg

Die Kocher und die historische Altstadt von Schwäbisch Hall mit dem Sudhaus

SUDHAUS
SUDHAUS
KÖHLER-TOURISTIK

Ilztal und Dreiburgenland

Highlight für Genusswanderer

Die schönste Wanderstrecke entlang der Ilz führt von der Schrottenbaummühle zur Schneidermühle.

TOURENLÄNGE
83 Kilometer

START UND ZIEL
Von Eging am See nach Passau

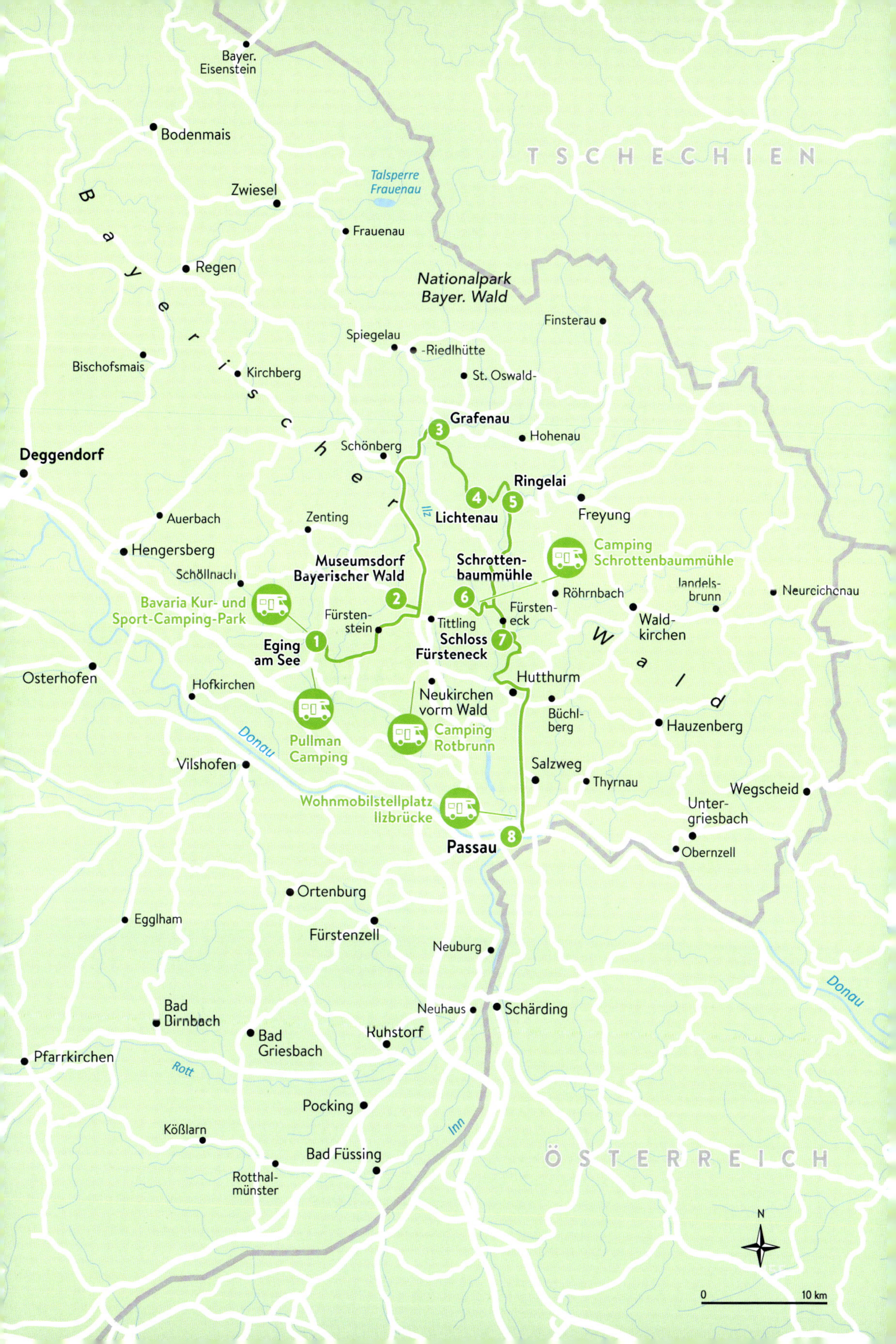
Bayer. Eisenstein
Bodenmais
Zwiesel
Talsperre Frauenau
Frauenau
Regen
TSCHECHIEN
Bayerischer Wald
Nationalpark Bayer. Wald
Finsterau
Spiegelau
Riedlhütte
St. Oswald-
Bischofsmais
Kirchberg
Grafenau
Hohenau
Schönberg
Deggendorf
Ringelai
Freyung
Lichtenau
Ilz
Auerbach
Zenting
Hengersberg
Camping Schrottenbaummühle
Museumsdorf Bayerischer Wald
Schrotten-baummühle
Schöllnach
Röhrnbach
Jandels-brunn
Neureichenau
Bavaria Kur- und Sport-Camping-Park
Fürsten-stein
Tittling
Fürsten-eck
Wald-kirchen
Eging am See
Schloss Fürsteneck
Osterhofen
Hofkirchen
Hutthurm
Neukirchen vorm Wald
Büchl-berg
Hauzenberg
Pullman Camping
Camping Rotbrunn
Donau
Vilshofen
Salzweg
Thyrnau
Wegscheid
Wohnmobilstellplatz Ilzbrücke
Unter-griesbach
Passau
Obernzell
Ortenburg
Egglham
Fürstenzell
Neuburg
Donau
Neuhaus
Schärding
Bad Birnbach
Bad Griesbach
Ruhstorf
Pfarrkirchen
Rott
Pocking
Inn
Kößlarn
Bad Füssing
Rotthal-münster
ÖSTERREICH
N
0
10 km

12

Unterwegs im grünen Tal

Aufregende Zeitreise durch Ostbayern

Die Ilz, das letzte große Wildwasser in Ostbayern – Wanderer und Naturfreunde rühmen sie als die »schwarze Perle«, und Gäste, die mit dem Wohnmobil den Fluss auf seinem Weg begleiten, entdecken oft Unerwartetes. Hier kann man Natur und Geschichte hautnah erleben, zudem wartet die Region mit einer Reihe schöner Camping- und Stellplätze auf.

Tag 1

AMERIKA ZUR ZEIT DES GOLDRAUSCHS

Die Gäste reiben sich verwundert die Augen, wenn sie in **Eging am See** (1) – im Süden des Bayerischen Walds – auf eine lebendige Westernstadt treffen. Das Staunen bleibt auch nach dem Betreten von Pullman City erhalten: Womöglich trottet gerade eine Rinderherde durch die staubige Mainstreet, und ein paar ungewaschene Taugenichtse lümmeln im Schatten herum oder an der Saloon Bar. Dazu schmettert ein

Live-Musik in der Westernstadt

Tag 1	Tag 2			Tag 3	
1 Eging am See Km 0	2 Museumsdorf Bay. Wald Km 9	3 Grafenau Km 29	4 Lichtenau Km 38	5 Ringelai Km 42	6 Schrottenbaummühle Km 54

Viehtrieb wie im Wilden Westen

Mexikaner mit Riesen-Sombrero, rotem Poncho und einer Gitarre in der Hand feurige Lieder, wie z. B. »La Cucaracha«.
Der große Vergnügungspark mit Straßenzügen im Westernstil begeistert seine Besucher darüber hinaus mit täglich wechselnden Darbietungen. Zu den Höhepunkten zählen u. a. die »Comedy-Zaubershow« und die aufwendige »American History Show«, die in den Jahren zwischen 1740 und 1880 spielt. Nebenan im Tal leben Menschen, die in ihrer Freizeit die Geschichte des Wilden Westens intensiv erleben wollen. Darum arbeiten sie etwa als Goldwäscher oder Trapper. Manche wohnen das ganze Jahr über hier – die besondere Herausforderung dabei: Es gibt wie zu Lebzeiten von Billy the Kid keinen elektrischen Strom (pullmancity.de).

WOHL-FÜHLANGEBOT

Ganzjährigen Badespaß verheißt die Sonnen-Therme direkt am Eginger See. Sie verfügt u. a. über Innen- und Außenpools, Bewegungsbecken, Whirlpool, Kneippbecken, Dampfgrotte und Saunalandschaft mit Ruhebereich (eging.de).

Tag 4 → Tag 5

7 Schloss Fürsteneck **Km 59**

8 Passau **Km 83**

Tag 2

ZURÜCK ZUM EINFACHEN LEBEN

Zwischen den Ortschaften Thurmansbang und Tittling begeben wir uns von Neuem auf eine spannende Reise, die die »gute

Die Stoffe der Waldler-Trachten kamen einst aus Osteuropa.

alte Zeit« aufleben lässt: Rund 140 Häuser aus dem 16. bis 19. Jahrhundert bilden dort das **Museumsdorf Bayerischer Wald** 2. Es präsentiert sowohl liebevoll restaurierte Bauernhöfe aus der Region als auch eine Reihe von Handwerksbetrieben wie Mühlen und Schmieden sowie Dorfkapellen. Historische Gasthäuser vervollständigen das Bild des früheren Landlebens. Jedes Gebäude hat seine eigene Geschichte: Die über 500 Jahre alte Rothaumühle etwa sollte 1974 abgerissen werden, doch es fand sich gerade noch rechtzeitig ein Käufer, der sie restaurieren ließ. Sehenswert ist auch das ehemalige Schul- und Marktschreiberhaus aus Simbach, die älteste Volksschule in Deutschland, erbaut im Jahr 1670.

Im Kurpark in **Grafenau** 3 zeigt das Bauernmöbelmuseum kunstvoll gefertigte Schränke und Truhen, die aus dem 17. bis frühen 20. Jahrhundert stammen.

Wie roch es in den keltischen Siedlungen, wie fühlte sich die Kleidung der Kelten an? Antworten auf diese und weitere Fragen kann man im Dorf **Lichtenau** 4 im Gabreta-Erlebnispark, dem Erlebnisland der Kelten, selbst nachspüren. Die Erkenntnis, dass sich die rauf- und feierlustigen Gallier im heutigen Ostbayern niederließen, ist dem Landwirt Paul Freund zu verdanken: Er fand ihre Relikte bei der Feldarbeit. Unter der Anleitung von Archäologen der Universität Passau entstand daraufhin das Keltendorf Gabreta, das aus Wohngebäuden, Stall, Weberei, Backofen und Kräutergarten besteht. Zudem warten auf die großen und kleinen Besucher viele Aktionen zum Mitmachen, darunter Bogenschießen, Brotbacken und Töpfern.

Tag 3

WILDE WASSER

Die Flussperlmuschel zählt in Deutschland zu den stark gefährdeten Tierarten. Eine wichtige Voraussetzung, die ihr Überleben sichert, ist sauberes Wasser. Heutige Vorkommen der Muschel beschränken sich auf wenige Landschaftsräume, darunter die Ferienregion Ilztal und Dreiburgenland südlich von Grafenau. Der Fluss Ilz gilt als weitgehend unberührt. Markante Schluchten mit beeindruckenden Felshängen und sanft anmutenden Uferzonen begleiten seinen Lauf von den Hochmooren des

Restaurierte Rothaumühle

»A Musi« und viel Brauchtum

Naturparks Bayerischer Wald bis in die Dreiflüssestadt Passau, wo er neben dem Inn in die Donau mündet. Die ausgewaschenen Stoffe der Moore geben dem fröhlich dahinplätschernden Gewässer seine schwarzbräunlich schimmernde Farbe, weshalb man den Fluss liebevoll als die »schwarze Perle« bezeichnet. Das einzigartige Naturparadies ist darüber hinaus die Heimat von seltenen Pflanzen, wie etwa Banater Segge, Großblättrigem Fingerhut oder Straußfarn. In den nährstoffreichen Wäldern der Wolfsteiner Ohe, einem Zufluss, wächst zudem das violett blühende Echte Lungenkraut. Den Baumbestand prägen Edellaubhölzer wie Esche, Linde und Ahorn ebenso wie die bedrohte Bergulme.

Als spektakulärster Abschnitt dort gilt die Wildbachklamm Buchberger Leite – sie verdeutlicht nachdrücklich die unbändige Kraft des nassen Elements, das sich bis zu 100 Meter tief in den Granit gegraben hat. Der Themenwanderweg »Mensch und Natur« zeigt sowohl die Naturschönheiten als auch die technischen Eingriffe, darunter alte Triftmauern, also in den Felsen gehauene Stollen und Kanäle, in denen das Wasser scheinbar bergauf fließt. Startpunkt dieser leicht begehbaren Tour ist **Ringelai** 5, Ziel ist Freyung mit attraktiven Einkehrmöglichkeiten.

In Fürsteneck, wo die Flüsse sich vereinen, befindet sich der Gasthof **Schrottenbaummühle** 6, zu dem auch ein kleiner, äußerst idyllisch gelegener Campingplatz gehört. Der Ilztalwanderweg führt direkt daran vorbei.

Seinen weiteren Verlauf kann man nicht verfehlen: Die Flussperlmuschel auf dem Wegweiser begleitet die Wanderer durchs Tal. Zu den schönsten Strecken in der Region zählt der zehn Kilometer lange Rundweg mit dem Ziel Schneidermühle. Nur unweit flussaufwärts verläuft die Dießensteiner Leite, bekannt als perfekter Trainingsort für Kanuten.

Die Ilz gilt zudem wegen ihrer exzellenten Wasserqualität auch als erstklassiges Revier für Fliegenfischer. Im Tal verkehrt an den Wochenenden im Sommer die Ilztalbahn mit Haltestellen für Wanderer und Radler. Die Fahrradmitnahme ist begrenzt möglich. Mit dem Donau-Moldau-Verbund-Ticket bieten sich zudem Ausflüge nach Tschechien an.

Tag 4

BEEINDRUCKENDES ZEITZEUGNIS

Zu guter Letzt empfiehlt sich eine Besichtigung von **Schloss Fürsteneck** 7, das aufwendig restauriert wurde. Dessen eindrucksvolle Lage auf einem Sporn über dem Tal – umringt von dichten, mystischen Wäldern – ist Ausdruck der großen Macht der damaligen Passauer Fürstbischöfe. Gegründet im 13. Jahrhundert, diente das Bauwerk ursprünglich als Wehranlage, um die Handelswege zu überwachen. Einst schritten Ritter und Edelleute durch ihre Tore und Mauern, um in den Hallen zu feiern oder sich in den Kammern zu beraten. Das Schloss erlebte über Jahrhunderte hinweg etliche Konflikte und Besitzerwechsel; trotz der Kriege und Belagerungen wurde es jedoch nie zerstört.

Im Lauf der Zeit verlor es seine strategische Bedeutung und wurde zu einem Wohnsitz umgestaltet, der die Schönheit der Renaissance und des Barocks widerspiegelt: Seine Architektur ist eine Mischung aus mittelalterlicher Wehrhaftigkeit und der Eleganz der Neuzeit. Die Mauern und Türme, die einst dazu dienten, Feinde abzuwehren, bieten heute einen malerischen Anblick für Wanderer und Naturfreunde, die durch das Ilztal streifen. Schloss Fürsteneck ist ein lebendiges Denkmal, das die vielen Geheimnisse des Bayerischen Walds in sich trägt – so beherbergt es heute u. a. die Ilz-Infostelle, die alles Wissenswerte zu Fauna und Flora des Tals vermittelt.

Fein geschnitztes Kruzifix

Tag 5

SPIEGELBILD DER GESCHICHTE

Egal, an welcher Ecke in **Passau** (8) wir uns aufhalten, spüren, sehen und erleben wir die Zeugnisse der jahrhundertealten Vergangenheit der Stadt. Diese ist geprägt von den Fürstbischöfen und der besonderen Lage auf einer schmalen Halbinsel am Zusammenfluss von Donau, Ilz und Inn. Passau wurde 1662 durch einen Brand in Schutt und Asche gelegt und danach von italienischen Baumeistern wie dem Architekten Carlo Lurago wieder aufgebaut – dadurch erhielt die Stadt ihr heutiges südländisch anmutendes, barockes Aussehen.

Gut ausgebauter Ilztalwanderweg

Fürstbischof Auersperg war auch derjenige, der die Flaniermeile am Innufer anlegen ließ, von wo der Blick auf die hoch aufragende Kirche Sankt Michael fällt, die Kirche des ehemaligen Jesuitenkollegs. Auf einem kleinen Hügel in der Altstadt steht der Stephansdom (1668–1693), dessen Orgel, gebaut 1928, mit 17 974 Pfeifen und 208 Registern zu den größten der Welt gehört – die längste Orgelpfeife misst über elf Meter und wiegt 306 Kilogramm.

Die Altstadt bildet ein Labyrinth aus engen Gassen, die sich zu prächtigen Plätzen hin öffnen. Sie ist ein Paradies für Kulturbegeisterte. Das Scharfrichterhaus in der Milchgasse, einst eine düstere Stätte der Justizgeschichte, ist heute ein Zentrum der Künste, wo Kabarett und Musik die Mauern beleben. Das Oberhausmuseum hoch über den Dächern in einer mächtigen Festung erzählt die gesamte Entwicklung der Stadt und gewährt zudem einen fantastischen Ausblick über das gelbe Häusermeer. Jedes Jahr finden im Sommer die »Festspiele Europäische Wochen Passau« statt, die Musik und Kunst aus vielen Ländern Europas auf der Bühne präsentieren. Es ist die größte Kulturveranstaltung in der Dreiländerregion Ostbayern, Böhmen und Oberösterreich (tourismus.passau.de).

Radfahrer folgen gern dem Donauradweg, der Passau durchquert, und Wanderer können das Umland mit seinen grünen Hügeln auf vielen Wegen erkunden.

Camping- und Stellplätze

Pullman Camping
Ruberting 35, 94535 Eging am See,
Tel. 08544/91 81 67, pullmancamping.de
GPS: 48.694638, 13.264243
Komfortplatz direkt an der Westernstadt

Bavaria Kur- und Sport-Camping-Park
Grafenauer Straße 31,
94535 Eging am See,
Tel. 08544/80 89, bavaria-camping.de
GPS: 48.72118, 13.26530
Mittelgroße Anlage in ländlicher, ruhiger Lage

Bei Neukirchen vorm Wald

Camping Schrottenbaummühle
Schrottenbaummühle 1,
94142 Fürsteneck,
Tel. 08504/17 39,
schrottenbaummuehle.de
GPS: 48.734284, 13.437716
Campingwiese an Landgasthof mit Stopover-Plätzen (18–10 Uhr)

Entdeckungen in Wald und Flur

Camping Rotbrunn
Pilling 22, 94154 Neukirchen vorm Wald,
Tel. 08504/92 02 60,
camping-rotbrunn.de
GPS: 48.68582, 13.371980
Kleiner, gepflegter Platz mit Blick auf bewaldete Höhen

Wohnmobilstellplatz Ilzbrücke
Halser Straße 2, 94032 Passau,
Tel. 0851/95 59 80, passau.de
GPS: 48.578613, 13.473921
13 Stellplätze auf befestigter Fläche am Stadtrand

Schwarzwald

Von wegen störrisch und dumm

Esel sind gescheite und liebenswerte Tiere, wie eine geführte Eselwanderung in Freudenstadt-Grüntal zeigt.

TOURENLÄNGE
292 Kilometer

START UND ZIEL
Von Bad Wildbad nach Dornstetten

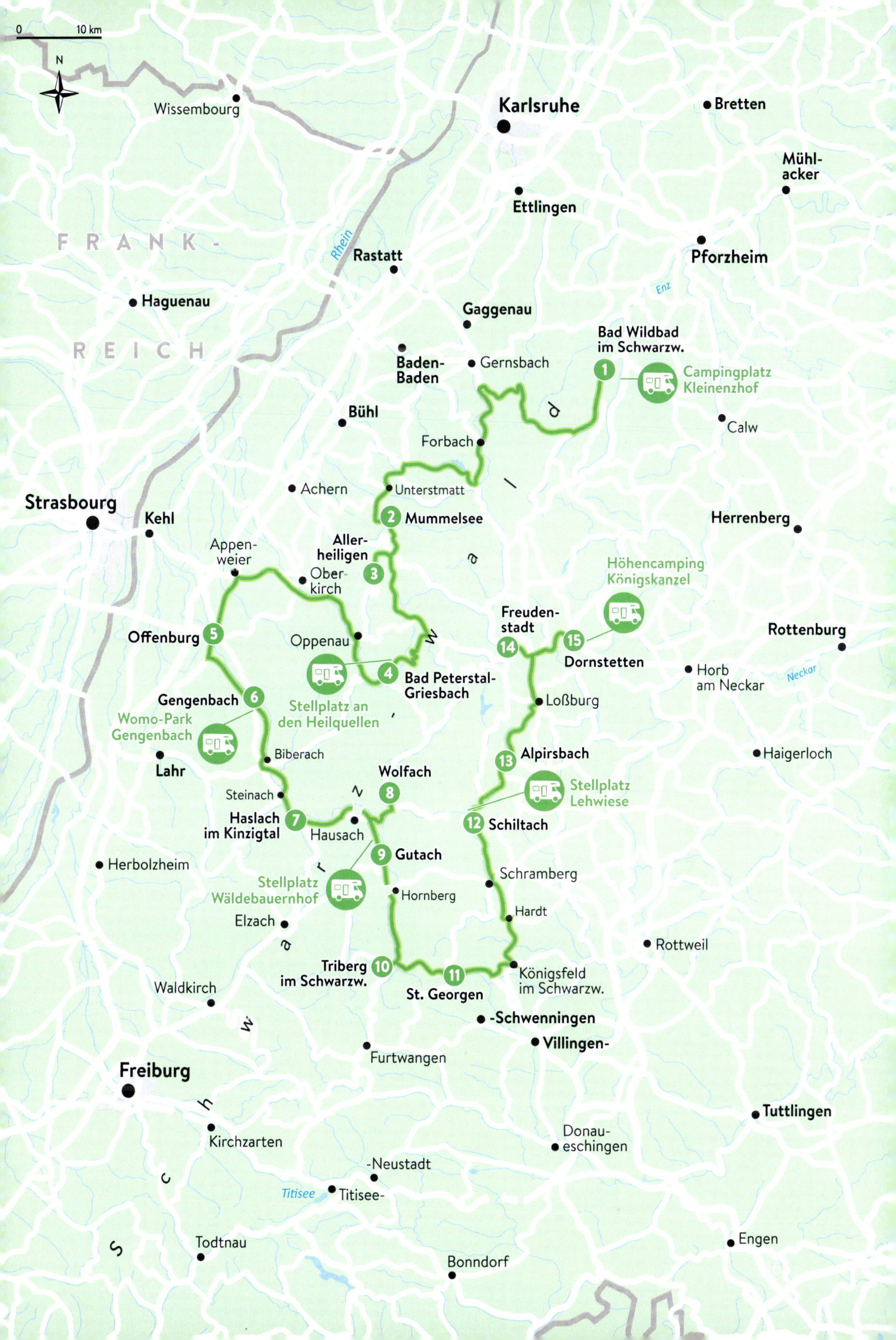

0
10 km
N
Wissembourg
Karlsruhe
Bretten
Mühl-
acker
Ettlingen
FRANK-
REICH
Rhein
Rastatt
Pforzheim
Enz
Haguenau
Gaggenau
Bad Wildbad
im Schwarzw.
Baden-
Baden
Gernsbach
1
Campingplatz
Kleinenzhof
Bühl
Calw
Forbach
Achern
Unterstmatt
Strasbourg
Kehl
2
Mummelsee
Herrenberg
Aller-
heiligen
Appen-
weier
3
Ober-
kirch
Höhencamping
Königskanzel
Freuden-
stadt
Rottenburg
Offenburg
5
Oppenau
14
15
Dornstetten
Horb
am Neckar
Neckar
4
Bad Peterstal-
Griesbach
Gengenbach
6
Stellplatz an
den Heilquellen
Loßburg
Womo-Park
Gengenbach
Biberach
Alpirsbach
13
Haigerloch
Lahr
Wolfach
8
Stellplatz
Lehwiese
Steinach
Haslach
im Kinzigtal
7
Hausach
12
Schiltach
9
Gutach
Herbolzheim
Stellplatz
Wäldebauernhof
Schramberg
Hornberg
Hardt
Elzach
Rottweil
Triberg
im Schwarzw.
10
11
St. Georgen
Königsfeld
im Schwarzw.
Waldkirch
-Schwenningen
Villingen-
Furtwangen
Freiburg
Tuttlingen
Kirchzarten
Donau-
eschingen
-Neustadt
Titisee
Titisee-
Todtnau
Engen
Bonndorf

13

Lichte Höhen, dunkler Tann

Rundtour durch den »förchtig« wilden Wald

Auch der trübste Winter geht vorbei, dann kommt wieder die Zeit für Ausflüge in die blühende Natur, aufs Land und in die Berge. Der Schwarzwald ist dafür wie geschaffen! Ausgangspunkt unserer Fahrt zu Bollenhüten & Co ist Bad Wildbad. Stationen sind u. a. ein verwunschener See, alte Handwerksstätten sowie Orte tiefer Spiritualität und Entschleunigung – dazu locken fantastisch schöne Aussichtsplätze.

Tag 1

HISTORISCHER ÜBERFALL

Nach einem Bericht der »Stuttgarter Annalen«, einem mittelalterlichen Jahrbuch, ereignete sich der geschichtsträchtige Angriff auf Graf Eberhard II. von Württemberg durch schwäbische Ritter anno 1367 beim Baden in Wiltbade – es liegt nahe, dass es sich dabei um die schon damals genutzten heißen Quellen von Wildbad im Enztal im Nordschwarzwald handelt.

Turm des Baumwipfelpfads

Tag 1 → Tag 2 → Tag 3

1 Bad Wildbad Km 0

2 Mummelsee Km 60

3 Allerheiligen Km 96

4 Bad Peterstal-Griesbach Km 116

5 Offenburg Km 152

6 Gengenbach Km 164

Reichental mit Kirche St. Mauritius

Historiker ziehen jedoch auch die kalten Teinacher Quellen jenseits des Bergs in Betracht. Für diese spricht, dass der Graf seinen Angreifern durch die Flucht auf die Burg Zavelstein über dem Teinachtal entkommen konnte. Den Weg über steiles Gelände vom Enztal zur Burg hätte der Greis, der durch viele Kämpfe geschwächt war, kaum bewältigen können.

FÜRSTLICHES ERLEBNIS

Ein Badevergnügen der besonderen Art verspricht in Bad Wildbad ein Aufenthalt im Palais Thermal im Stil alter orientalischer Bäder – inklusive Massage-, Sprudelbecken und Saunawelt (für Gäste ab 12 Jahre; nach der Sanierung ab Nov. 2024 wieder uneingeschränkt nutzbar – bad-wildbad.de).

Den Scharmützeln des Alltags entflieht man heute am besten auf dem Campingplatz Kleinenzhof in **Bad Wildbad** 1, der an dem Weg liegt, den der Graf einst womöglich nahm. Wanderer, die sich auf Eberhards Spuren begeben, haben in der kühlen Jahreszeit die Möglichkeit, sich beim Schwimmen im wohltemperierten Becken des Hallenbads zu regenerieren

Tag 4 *Tag 5*

7	8	9	10	11	12	13	14	15
Haslach	Wolfach	Gutach	Triberg	St. Georgen	Schiltach	Alpirsbach	Freudenstadt	Dornstetten
Km 181	Km 193	Km 199	Km 217	Km 228	Km 256	Km 265	Km 289	Km 292

Klosterruine Allerheiligen,
ein wahrhaft mystischer Ort

bzw. in den warmen Monaten sich im Freibad zu erfrischen. Ein Publikumsmagnet in der Region ist der Baumwipfelpfad auf dem Sommerberg: Auf einer Länge von 1250 Metern und in einer Höhe von bis zu 20 Metern windet sich der Bohlenweg durch dichten Nadelwald. Höhepunkt ist der überwiegend in Holzbauweise errichtete Turm, der in 40 Metern Höhe einen grandiosen Rundumblick über den Naturpark gewährt (baumwipfelpfad-schwarzwald.de).

Tag 2

VON LEGENDEN UMRANKT

Der **Mummelsee** 2, dieses geheimnisvolle Gewässer, liegt umgeben von dunklem Tann und den sanften Konturen der Berge auf rund 1029 Metern Höhe an der Schwarzwaldhochstraße. Seine stillen Wasser spiegeln klar die Bäume und den Himmel wider – besonders schön zu betrachten, wenn der Herbst die Blätter und Nadeln in ein Feuerwerk der Farben taucht. Es heißt, der See sei Heimat der Nixen und des sagenumwobenen Königs des Sees, der in einer Unterwasserburg lebe. Nüchtern betrachtet, ist der Mummelsee ein etwa 25 000 Jahre alter eiszeitlicher Karsee und maximal 17 Meter tief. Falls gut gefüllt, umfasst seine Fläche 3,7 Hektar.

Das Wort Kar stammt aus dem Altdeutschen und bedeutet Krug oder Gefäß, was die kesselförmige Seemulde beschreibt. Der Name Mummelsee geht vermutlich auf die Gelben Teichrosen zurück, die einst in großer Zahl die Wasseroberfläche bedeckten – oder stammt er von den Muhmen, wie man Wassernixen auch nennt? Wir können keines der Fabelwesen erspähen, worauf wir dem Mummelsee-Hornisgrinden-Pfad folgen, der zum baumlosen Gipfelplateau der Hornisgrinde (1164 m) führt, von dessen Aussichtsturm sich ein weiter Panoramablick über den Schwarzwald eröffnet (schwarzwald-tourismus.info).

An der Serpentinenstrecke, die von der Passhöhe Ruhestein nach Oppenau im Renchtal führt, tauchen die mystischen Mauerreste des ehemaligen Prämonstratenserklosters **Allerheiligen** 3 auf, die im Sommer als Kulisse für Freilichtspiele dienen. Priester des Ordens entdeckten hier jene Quellen, deren Mineralwasser – abgefüllt in Bad Peterstal-Griesbach – weithin ein Begriff sind. In der Nähe der Ruine stürzen über eine Höhe von 80 Metern die Allerheiligen-Wasserfälle in sieben Kaskaden hinab. Das Kloster wurde 1192 gegründet und im Jahr 1804 durch einen Brand stark beschädigt, woraufhin es zerfiel.

Bis zu 1000 Meter hohe Berge umgeben **Bad Peterstal-Griesbach** 4. Schon früh reisten die Gäste von weit her an, und seit dem 17. Jahrhundert gab es eine Verbindung nach Straßburg, die den Export des hier abgefüllten Mineralwassers sicherstellte. In Griesbach stechen einige Häuser besonders ins Auge, darunter das Tagelöhner- und Brennereimuseum Faißt am Bahnhof. Ein Kernthema des privaten Museums sind die bäuerlichen Tagelöhner, die in verschiedenen Berufen arbeiteten, wie z. B. als Drechsler, Flößer, Holzfäller, Küfer oder Zimmerleute. Es zeigt des Weiteren eine der ältesten Brennereianlagen des Schwarzwalds sowie eine Sammlung von alten Bienenstöcken.

Im benachbarten Oberkirch, in dem es angeblich rund 900 Schnapsbrennereien gibt, verfasste – nebenbei bemerkt – Hans Jakob Christoffel von Grimmelshausen seinen »Simplicissimus« (1668).

Einkaufsstadt Offenburg

Offenburg 5 ist in erster Linie ein Wirtschaftsstandort, der u. a. zum Shoppen einlädt. Wir bummeln durch die Fußgängerzone mit ihrem südlichen Flair, besuchen ein Straßencafé und schalten so innerlich einen Gang runter. Doch die Stadt hält auch Sehenswertes bereit, wie etwa den Fischmarkt mit einem schönen Häuserensemble, darunter die Hirschapotheke (1698) und das Salzhaus (1786).

Gengenbach 6 mit seinem schönen alten Kern ist unsere erste Station im Kinzigtal. 1230 erhielt der Ort das Stadtrecht und 130 Jahre später den Titel Freie Reichsstadt. Die Figur auf dem Röhrenbrunnen am Marktplatz, Ritter Schwed genannt, trägt eine Schriftrolle, die die damit verbundenen Privilegien auflistet. Diese umfassten u. a. die Gerichtsbarkeit und das Recht der Bürger, sich im Straffall ausschließlich vor Gengenbacher Richtern verantworten zu müssen. Die meisten Häuser stammen jedoch aus dem 18. Jahrhundert, da die Stadt 1689 bei Kämpfen fast völlig niederbrannte. Die danach wieder aufgebauten Fachwerkhäuser in der Engelgasse gelten als die schönsten. Von der einstigen Befestigung sind noch ein paar Türme erhalten, wie etwa das Obertor. Das Rathaus schuf 1784 der Baumeister Victor Kretz im Stil des französischen Klassizismus, gepaart mit Rokoko-Elementen. Im Dezember verwandelt sich dessen Fassade in einen riesengroßen Adventskalender (gengenbach.info).

Tag 3

WELTBEKANNTER KOPFSCHMUCK

Jeder kennt die roten Bollenhüte aus dem Schwarzwald, doch nur wenige wissen, dass deren Verbreitungsgebiet winzig ist: Sie gehören seit etwa 1800 einzig zur Tracht der ledigen evangelischen Frauen in den Dörfern Gutach, Hornberg-Reichenbach und Kirnbach. Zu sehen sind die prächtigen Kostüme heute noch an Festtagen und bei Brauchtumsveranstaltungen. Ganzjährig besichtigen kann man sie z. B. im Schwarzwälder Trachtenmuseum in **Haslach** 7: 100 lebensgroße Figuren zeigen dort die immense Formen- und Farbenvielfalt der Trachten aus allen Schwarzwaldregionen samt Randgegenden. Wie bescheiden dagegen eine Dame in ihrem Kleinstwohnhaus in der Haslacher Altstadt einst lebte,

Villa aus der großen Zeit des
Kurorts Bad Peterstal-Griesbach

Freilichtmuseum Vogtsbauernhof

führt im Rahmen einer Stadtführung das Haus Theres vor Augen (haslach.de).

Wie Glas erfunden wurde, ist bislang ungeklärt. Gaben vielleicht geschmolzene Sodablöcke um Feuerstellen den Anstoß? Die Zutaten des antiken Glases dagegen kennt man: Quarzsand, Kalk, Soda und Pottasche. Und hier setzt die Geschichte der Schwarzwälder Glashütten ein, denn Buchenholz für Pottasche, Quarzsand und Tannen- und Fichtenholz für das Schmelzfeuer gab es reichlich, was zur Ansiedelung vieler Glashütten führte. Leider mussten fast alle wieder schließen – bis auf die Dorotheenhütte in **Wolfach** 8, wo man bis heute Bleikristall auf traditionelle Art ver- und bearbeitet: mit dem Mund geblasen und von Hand mit Gravuren verziert. Zuschauen und selbst Glasblasen darf man dort auch (dorotheenhuette.de).

Zum ursprünglichen Vogtsbauernhof in **Gutach** 9 kamen seit der Gründung des Schwarzwälder Freilichtmuseums Vogtsbauernhof im Jahr 1964 eine Reihe weitere Schwarzwaldhöfe aus anderen Gebieten hinzu. Sie wurden entweder nach- oder wieder aufgebaut – samt Hofkapelle, Back- und Brennhäusle. Im Stall stehen Haustierrassen, die andernorts längst ausgestorben sind. Jüngster Gebäude-Neuzugang von 2023 ist das Ortenau-Haus aus Durbach. Regelmäßig finden im Museum Veranstaltungen statt, bei denen z. B. Drechsler, Strohflechter, Schindelmacher oder eine Bollenhutmacherin Einblicke in ihr Handwerk gewähren (vogtsbauernhof.de).

Tag 4

DIE UNBÄNDIGE KRAFT DER NATUR

Uhren- und Andenkenläden drängen sich dicht an dicht im Ortskern von **Triberg** 10. Das Städtchen ist in erster Linie bekannt für seine Wasserfälle: Nicht weit entfernt stürzt der Fluss Gutach über sieben Kaskaden

163 Meter tief in ein enges Tal – damit sind die Triberger Wasserfälle die höchsten in Deutschland. Sie wirken besonders eindrucksvoll, wenn es, wie bei unserem Aufenthalt, in den Tagen zuvor kräftig geregnet hat. Ebenfalls nicht versäumen sollte man einen Besuch in der Wallfahrtskirche Maria in der Tanne (18. Jh.) mit üppiger Barockausstattung und dem namensgebenden Glanzstück, einer kleinen geschnitzten Madonna von 1645 (triberg.de).

Das Deutsche Phonomuseum in **Sankt Georgen** 11 zeigt die Entwicklung der einst bedeutenden Phonoindustrie vor Ort – vom Phonographen bis zur CD –, darunter Kuriositäten wie die Tonaufzeichnung auf Draht oder Folienband-Kassetten. Zu sehen sind auch Opas Musiktruhe, Videorekorder und Profi-Geräte aus Funk- und Fernsehstudios.

Die Auto- & Uhrenwelt in Schramberg beleuchtet auf liebevolle Weise die Themen Erfindergeist, Lebensgefühl und Mobilität in der Nachkriegsära und der Zeit des Wirtschaftswunders im »Ländle«.

Die letzten Flößertransporte auf der Kinzig starteten 1894 in **Schiltach** 12. Damit endete nach 700 Jahren ein einstmals sehr wichtiger Wirtschaftszweig in der Region. Flößermuseen und der Flößerpfad, ein 32 Kilometer langer Themenwanderweg, begleiten den Oberlauf der Kinzig von Lossburg nach Wolfach. Entlang der leicht begehbaren Strecke erinnern Schautafeln an das harte Gewerbe (floesserpfad.de). In der Altstadt staunen wir über den sich am Berg hinaufziehenden Marktplatz mit seinen schönen Giebelhäusern.

Tag 5

RAUS AUS DEM WALD

Der Luftkurort **Alpirsbach** 13 ist vor allem bekannt für sein zentral gelegenes Benediktinerkloster, das Graf Adalbert von Zollern im Jahr 1095 erbauen ließ. Im Mittelpunkt steht die Klosterkirche Sankt Nikolaus, eine romanische dreischiffige Säulenbasilika, errichtet um 1130. Im Vergleich zu hohen gotischen Kathedralen wirkt ihr mit massiven Säulen flankierter Innenraum auf uns eher ernst. Eine heitere Note vermittelt hingegen der prächtige Weckmann-Flügelaltar mit Mariendarstellung von 1525 (kloster-alpirsbach.de).

Danach verlassen wir für ein paar Stunden den »förchtig wilden Wald«, wie man die Gegend lange nannte, und schlendern leichtfüßig über den Marktplatz in **Freudenstadt** 14, den mit 216 x 219 Metern größten in Deutschland – entworfen vom Renaissance-Baumeister Heinrich Schickhardt und

Dorotheenhütte in Wolfach

1999 zum 400-jährigen Stadtjubiläum neu gestaltet. Rundum verlaufen schöne Arkaden mit Cafés und vielen kleinen Geschäften, die zum Stöbern und Einkaufen locken. Die Kleinen zieht es indes zum Brunnen mit Wasserspielen auf dem unteren Marktplatz.

Einsam gelegener Bauernhof

Esel seien störrisch und dumm, heißt es immer wieder – ein unberechtigtes Vorurteil, wie wir bei einer unserer letzten Unternehmungen im Nördlichen Schwarzwald erfahren, und zwar bei einer Eselwanderung durch Wald und Wiesen in Freudenstadt-Grüntal. »Die Tiere laufen nicht weg, wenn sie sich erschrecken, sondern erstarren und lassen sich durch nichts und niemand drängen«, erklärt Andreas Harr, der Eselführer, und ergänzt: »Viele Langohren mögen es, wenn man sie an der Brust oder am Rumpf streichelt.« Unsere flauschigen Wanderbegleiter wirken freudig erregt: Sie schwenken Hals und Kopf und machen gar Luftsprünge. Kinder bis 30 Kilogramm Gewicht dürfen sogar auf ihnen reiten (harr-naturnah.de).

Tag 6

NOCH EIN BISSCHEN ERHOLUNG

Die Stadt **Dornstetten** 15 erhebt sich burgartig auf einem Höhenrücken zwischen Murg- und Glatttal. Der Ort gilt als eine der frühesten Gründungen im Nordschwarzwald: Seine erste urkundliche Erwähnung erfolgte im Jahr 767 im Schenkungsbuch des Klosters Lorsch. Die Grafen Urach-Fürstenberg verlegten im 13. Jahrhundert die ursprüngliche Siedlung auf den Berg, ließen Mauern und Tore errichten und verliehen Dornstetten die Stadtrechte. Die Lage an einem alten Handelsweg, der von Tübingen nach Straßburg führte, begünstigte den Aufstieg. Traditionsmärkte entstanden, darunter der Ostermontagsmarkt und der Herbstmarkt am letzten Sonntag im Oktober.

Entspannung pur verspricht das Höhencamping Königskanzel im Ortsteil Hallwangen – der Platz überzeugt durch seine naturnahe Gestaltung, u. a. mit Wildblumen, und seinen komfortablen Sanitärbereich, der sich in zeitloser Eleganz präsentiert.

In unmittelbarer Nähe befindet sich der Barfußpark Hallwangen: Er bietet auf einer rund 2,4 Kilometer langen Strecke mit vielen Hindernissen eindrückliche Erlebnisse, wie etwa das wohltuende Kribbeln an den Fußsohlen, nachdem man u. a. Holz, Rinde, Steine und (abgerundete) Glasscherben überquert hat. Wackelbrücken und Matschbecken vervollständigen das Vergnügen. Der Hochseilgarten nebenan bietet Parcours in fünf verschiedenen Schwierigkeitsgraden; Seilrutsche und Kletterwand runden dort das sportliche Angebot ab.

Stellplatz Bad Peterstal-Griesbach

Camping- und Stellplätze

Campingplatz Kleinenzhof
Kleinenzhof 1, 75323 Bad Wildbad,
Tel. 07081/34 35, kleinenzhof.de
GPS: 48.737463, 8.576381
Komfortable Anlage mit Frei- und Hallenbad sowie Sauna

Stellplatz an den Heilquellen
Schwarzwaldstraße 40,
77740 Bad Peterstal-Griesbach,
Tel. 07806/98 66 00,
an-den-heilquellen.de
GPS: 48.43414, 8.21487
10 kreisförmig angelegte Plätze bei einem Hotel

Womo-Park Gengenbach
Berghauptener Straße 29, 77723 Gengenbach,
Tel. 07824/664 96 70,
womoparkortenau.de
GPS: 48.402222, 8.00750
Ausgewiesenes geschottertes Areal am Kinzigufer

Stellplatz Wäldebauernhof
Vor dem Herrenbach 6, 77793 Gutach,
Tel. 07831/224, waeldebauernhof.de
GPS: 48.26424, 8.20185
4 Plätze auf Vollerwerbshof mit Frühstücks- und Gemeinschaftsraum

Stellplatz Lehwiese
An der Häberlesbrücke,
77761 Schiltach,
Tel. 07836/58 50, schiltach.de
GPS: 48.291128, 8.342880
Einfacher Übernachtungsplatz an der Kinzig mit Blick auf die Stadt

Höhencamping Königskanzel
Freizeitweg 1, 72280 Dornstetten,
Tel. 07443/67 30,
camping-koenigskanzel.de
GPS: 48.480518, 8.500627
Naturnahe, komfortabel ausgestattete Anlage mit Freibad

Materialien für den Bollenhut

Schwäbische Alb und Oberschwaben

Begnadetes Brüderpaar

Dominikus und Johann Baptist Zimmermann gestalteten eine Dorfkirche, die als die »schönste der Welt« gilt.

TOURENLÄNGE
233 Kilometer

START UND ZIEL
Von Münsingen nach Wangen im Allgäu

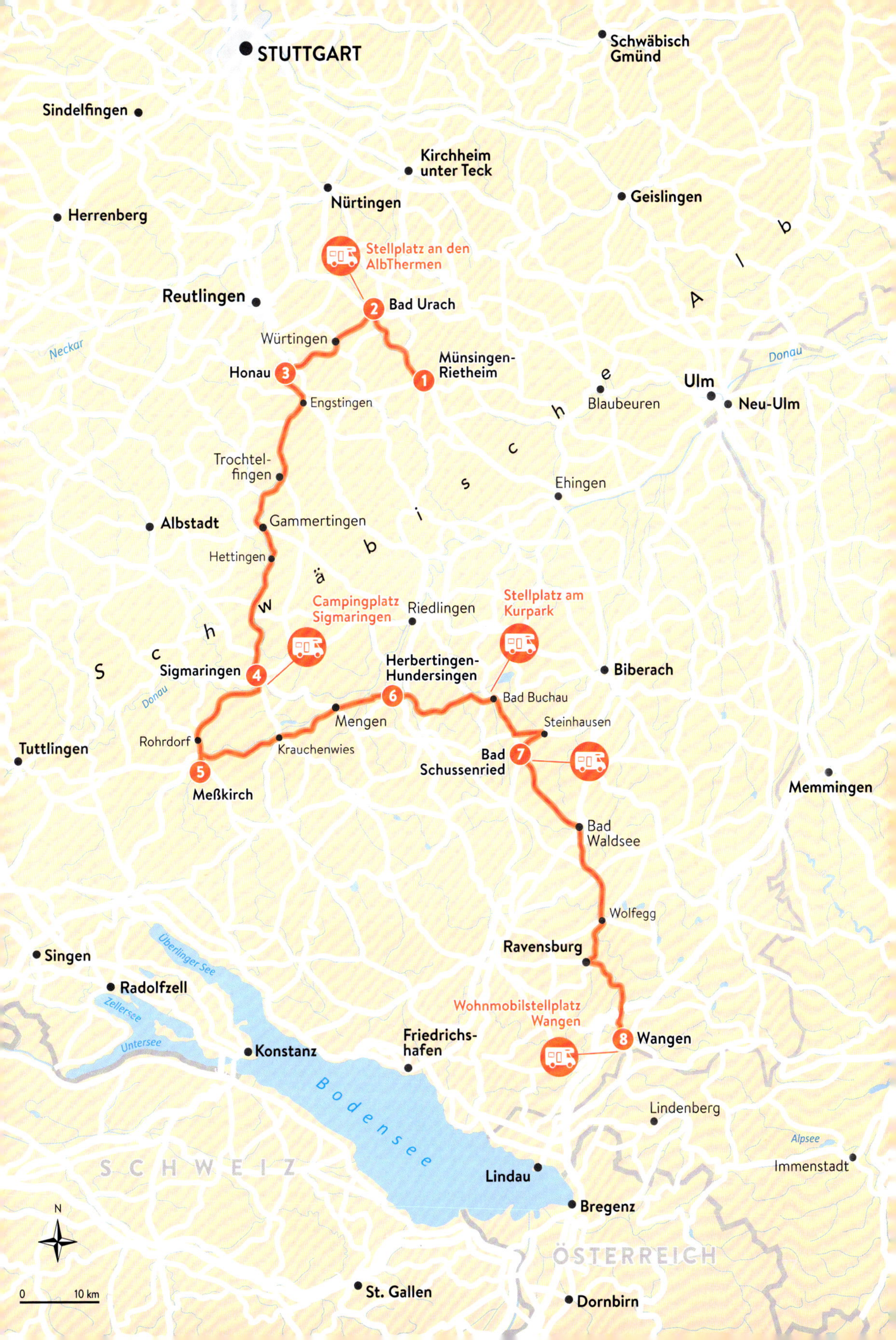

STUTTGART
Schwäbisch Gmünd
Sindelfingen
Kirchheim unter Teck
Nürtingen
Geislingen
Herrenberg
Stellplatz an den AlbThermen
Reutlingen
2 Bad Urach
Würtingen
Neckar
Münsingen-Rietheim
Honau
Engstingen
Ulm
Neu-Ulm
Donau
Blaubeuren
Trochtelfingen
Ehingen
Albstadt
Gammertingen
Hettingen
Schwäbische Alb
Campingplatz Sigmaringen
Riedlingen
Stellplatz am Kurpark
Herbertingen-Hundersingen
Biberach
Sigmaringen
Bad Buchau
Mengen
Steinhausen
Rohrdorf
Krauchenwies
Tuttlingen
Bad Schussenried
Meßkirch
Memmingen
Bad Waldsee
Wolfegg
Ravensburg
Singen
Überlinger See
Radolfzell
Zellersee
Wohnmobilstellplatz Wangen
Wangen
Untersee
Konstanz
Friedrichshafen
Bodensee
Lindenberg
Alpsee
Immenstadt
SCHWEIZ
Lindau
Bregenz
ÖSTERREICH
N
0
10 km
St. Gallen
Dornbirn

14

Alb-Allgäu-Erlebnistour

»Uff dr Schwäbischa Alb ond am Rand«

Lust auf Oberschwaben? Auf diesen gesegneten Landstrich, wo Gaumenfreuden und goldener Barock sich vereinen und der Wohnmobilfahrer freundlich aufgenommen wird? Hier, wo das Bier so herzhaft ist und man viele spannende Geschichten zu erzählen weiß, laden Heilbäder zur Entspannung ein. Daneben lassen restaurierte und rekonstruierte Burgen sowie Museumsdörfer längst vergangene Zeiten aufleben.

Tag 1

WERT DER LANGSAMKEIT

Beim Thema Schneckenverzehr treffen Zustimmung und Abneigung oft hart aufeinander. Alb-Guide und Biosphärenbotschafterin Rita Goller aus **Münsingen-Rietheim** 1 sieht solche Debatten gelassen, denn ihre Weinbergschnecken, die sie naturnah und mit viel Liebe in ihrem Schneckengarten aufzieht, finden reißenden Absatz. Auf den geführten Wanderungen,

Rita Goller mit einem Prachtexemplar

Tag 1

1 Münsingen-Rietheim Km 0

2 Bad Urach Km 11

Tag 2

3 Honau Km 35

4 Sigmaringen Km 81

Tag 3

5 Meßkirch Km 97

6 Herbertingen-Hundersingen Km 154

Marktplatz in Bad Urach

die sie daneben anbietet, lernt man nicht nur vieles über die Natur: Goller will auch zeigen, was im Leben wirklich wichtig ist. »Das Beste für gestresste Menschen wäre, einen Tag lang Schnecken zu beobachten«, so die Züchterin. Denn dann würden die Getriebenen erkennen, dass die Tiere ihre anvisierten Ziele erreichen, obwohl sie langsam sind. Unter den Stammkunden und Wandergästen sind viele Reisemobilisten, die immer wieder zu einer Tour auf die Albhochfläche aufbrechen (albschneckler.de).

IN MODE

Auf Kleidung setzt die Stadt Metzingen, wo 1972 mit dem ersten Fabrikverkauf das Outlet-Shopping erfunden wurde. In der Outletcity vor Ort finden Modebegeisterte – gut vier Millionen jährlich – eine Auswahl von 500 Marken (outletcity.com).

Die Schwäbische Alb ist eine einzigartige Mittelgebirgslandschaft, die vor allem durch ihren rauen Charme verzaubert. Ihre Faszination beruht in erster Linie auf das die Landschaft bestimmende, bizarr verwitterte Juragestein, das die geologische Besonderheit der Region unterstreicht. Diese lag vor rund 200 Millionen Jahren am Grund eines Meeres, das Europa fast vollständig bedeckte. Beeindruckende Belege dafür sind etwa die zahlreich zu Tage getretenen Unterwasserfossilien. Ausgedehnte Wacholderheiden und der weit verbreitete Dorn-

Tag 4

7 Bad Schussenried Km 186

8 Wangen Km 233

Stattliches Schloss Sigmaringen

strauch unterstreichen den herben Landschaftscharakter. Teile der Schwäbischen Alb wurden 2008 vom Land Baden-Württemberg als Biosphärengebiet ausgewiesen. Darauf folgte die internationale Anerkennung von Seiten der UNESCO.

Wir verlassen Münsingen und rollen weiter in Richtung **Bad Urach** 2. Die einen bezeichnen das schmucke Städtchen spöttelnd als »Schwäbisch-Hollywood« – hier wurden beispielsweise etliche Szenen in der Mundart-Fernsehserie »Laible und Frisch« (sie spielt im Bäckermilieu) auf dem spätmittelalterlichen Marktplatz mit seinen prächtigen Fachwerkgebäuden gedreht. Die anderen nennen sie die »Brezelstadt«, da in Urach angeblich die in Süddeutschland hochgeschätzte Laugenbrezel erfunden wurde. Diese zählt in Schwaben zu den Grundnahrungsmitteln, wie auch Maultaschen und Spätzle. Die Legende weiß zu berichten, dass Hofbäcker Frieder bei Graf Eberhard im Barte durch üble Nachrede in Ungnade gefallen war. Der Herrscher zeigte jedoch Großmut und gab Frieder eine zweite Chance. Dieser sollte begnadigt werden, falls er ein Backwerk schaffen könne, durch das dreimal die Sonne scheint. Dem schlauen Mann gelang dieses Kunststück, indem er die Brezel in der heute bekannten Form aus geschlungenem Teig erfand.

Kaum bekannt ist übrigens, dass sich in Bad Urach auf 510 Metern einer der höchsten deutschen Weinberge befindet – er wird vom Weingut Bächner betrieben. Zu Füßen der imposanten Burg Hohenneuffen wachsen auf den karstigen Juraböden Reben mit ganz eigenem Charakter. Der zertifizierte Öko-Betrieb setzt überwiegend auf die weißen Traditionssorten Sauvignon Blanc, Kerner und Riesling (weingut-baech ner.de).

Tag 2

MIT ALLEN WASSERN

Mit einer Tüte ofenwarmer Brezeln im Gepäck und fest geschnürten Wanderstiefeln finden wir uns anderntags auf einem Parkplatz am südlichen Stadtrand wieder. Von dort führt ein schöner Weg am plätschernden Brühlbach entlang zum Uracher Wasserfall, der von dichtem Grün umrahmt ein eindrucksvolles Naturschauspiel bietet: Hier stürzt das Quellwasser des Bachs 37 Meter in freiem Fall auf eine Kalktuffstufe und ergießt sich dann über einen steil abfallenden Mooshang. Dabei entstehen mehrere Wasserarme, die nach 50 Metern wieder zusammenfließen.

Ambitionierten Wanderern stehen darüber hinaus in der gesamten Region zwölf Wanderwege mit Qualitätssiegel zur Auswahl, darunter der Albsteig (HW1) und die sieben Traufgänge rund um Albstadt. Die Premiumwege zeichnen sich besonders durch ihre Naturbelassenheit aus; dazu überraschen sie immer wieder mit neuen spektakulären Ausblicken und mit bedeutsamen Sehenswürdigkeiten (schwaebischealb.de).

Aussichtspunkt und Wahrzeichen in einem ist das auf einem Felsen über **Honau** 3 und dem Echaztal thronende Schloss Lichtenstein. Bauherr war 1842 Graf Wilhelm, der sich von Wilhelm Hauffs Bestseller-Roman »Lichtenstein« inspirieren ließ. Mit Zugbrücke, Verlies und umfangreicher Waffensammlung spiegelt der Prachtbau perfekt das vor, was er nie war: eine Ritterburg.

Die Mächtigen wohnten in den Jahrhunderten davor sehr zurückgezogen nicht weit entfernt auf dem Schloss in **Sigmaringen** 4. Vom Donauufer aus wirkt es ungeheuer

Bibliothekssaal Bad Schussenried

imposant und uneinnehmbar. Weniger wehrhaft präsentiert sich die Südseite, wo Türme und Mauern harmonisch mit dem Stadtbild verschmelzen. Dort starten auch täglich Führungen, die interessante Einblicke in den Sitz des Fürsten von Hohenlohe und in die fast tausendjährige Geschichte des Hauses gestatten. Wir bestaunen u. a. prachtvolle, mit kostbaren Möbeln und Gemälden ausgestattete Residenzsäle. Spezielle Führungen – spannend auch für Kinder – lassen das alte höfische Leben lebendig werden.

Tag 3

LANGE VOR UNSERER ZEIT

Im südlich gelegenen **Meßkirch** 5 ist man stolz auf das schmucke Renaissanceschloss nach italienischem Vorbild. Prunkstück dieser Dreiflügelanlage ist der Festsaal mit seiner bestens erhaltenen Kassettendecke. Einige Räume präsentieren das Werk des Philosophen Martin Heidegger, des berühmtesten Sohns der Stadt.

Eine ganz besondere Attraktion ist das Freilichtmuseum Heuneburg in **Herbertingen-Hundersingen** 6, die eine Rekonstruktion eines keltischen Fürstensitzes zeigt. Eine weitere bemerkenswerte Nachbildung: die Bachritterburg in Kanzach. Sie demonstriert, wie eine Holzburg des Niederadels vor rund 700 Jahren vermutlich aussah. In den Sommermonaten finden in dieser Burg regelmäßig Feste und Märkte statt.

Sie waren einst wahre Meister ihres Fachs, dazu ein brillantes Team: die Brüder Dominikus und Johann Baptist Zimmermann. Beide arbeiteten um das Jahr 1730 am Bau der Kirche in Steinhausen vor den Toren von Bad Schussenried. Dominikus plante und leitete, sein älterer Bruder malte die heiter-beschwingt wirkenden Deckenfresken. Die Wallfahrtskirche zählt zu den bedeutendsten Rokokobauten im Land. Ihr Inneres besticht durch Eleganz und Lichtfülle, weshalb sie häufig als »schönste Dorfkirche der Welt« bezeichnet wird.

Ein weiterer barocker Glanzpunkt in Oberschwaben ist der prächtige Bibliothekssaal in dem ebenfalls von Dominikus Zimmermann entworfenen, jedoch nie vollendeten Neuen Kloster in **Bad Schussenried** 7. Wie das gemeine Volk früher lebte und arbeitete, vermittelt ebenfalls im Ort anschaulich das Oberschwäbische Museumsdorf Kürnbach: Es besteht aus 40 historischen Gebäuden, die aus verschiedenen Orten vor allem im nördlichen Oberschwaben zusammengetragen wurden. Dazu begleiten zahlreiche Veranstaltungen das Jahr, wie etwa Handwerkertag oder Schlachtfest, bei denen die Besucher beim Kochen und vielen anderen Dingen zuschauen dürfen (museumsdorf-kuernbach.de).

Die Region wartet im wahrsten Sinn des Wortes mit einem reich gedeckten Tisch auf – einem Sinnbild barocker Lebenslust. Kein Wunder, denn Klerus und Adel konnten sich damals gutes Essen leisten, ganz im Gegensatz zu den meisten anderen Menschen. Man traf sich in den gehobenen Kreisen vor allem an Feiertagen, um das Mittagsmahl bis zu drei Stunden lang zu zelebrieren. Küchenmeister und eine Schar von Hilfsköchen bereiteten Leckereien wie Pilzterrinen, gebeiztes Wildbret, Hühnchen in Stachelbeersoße oder Siedfleisch mit Waldbeeren zu. Als Beilagen wurden »grüne Knöpf«, Schupf- oder Dampfnudeln serviert und zum Nachtisch jede Menge Schmalzküchle. Starke Gegensätze dominierten: süß und sauer, bitter und süß, hell und dunkel. Alles war kräftig gewürzt, beispielsweise mit Muskat, Nelken oder Salbei. Manche Restaurants bereichern zumindest zeitweise auch heute noch ihre Karte mit diesen ungewöhnlichen Gaumenfreuden. Es lohnt sich deshalb auf jeden Fall, einmal nachzufragen.

In kaum einer anderen Gegend existieren so viele kleine, zumeist familiengeführte Brauereien. »Das Bier soll Zeit zum Reifen haben«, lautet das Credo der Brauherren, die allzu gut wissen, dass zur herzhaften Regionalkost immer ein gutes, mit viel Liebe gebrautes Bier passt.

Oberschwaben bietet nicht nur kulinarische Höhepunkte, sondern auch hervorragende Kneipp-, Moor- und Thermalbäder. Die bekanntesten sind Adelindis-, Sonnenhof- und Waldseetherme. Kräutertempelmassagen und viele weitere Anwendungen ergänzen die dort angebotenen wohltuenden Wassertherapien. Ebenso kommen Aktivurlauber auf ihre Kosten – oft kann man schon direkt am Campingplatz in einen Fahrradweg einbiegen. Die abwechslungsreiche Landschaft lässt sich außerdem prima erwandern oder bei Kanutouren auf den Flüssen Donau, Schussen und Iller vom Wasser aus erkunden.

Tag 4

ZWISCHEN GESTERN UND HEUTE

Der Flugzeugbauer Erich Bachem und Erwin Hymer entwickelten in den 1950er Jahren zusammen die ersten Wohnwagen in Leichtbauweise. Die Erwin Hymer Group SE mit Sitz in Bad Waldsee ist heute einer der größten Hersteller von Wohnwagen und Wohnmobilen in Europa. Das Erwin Hymer Museum am Stadtrand zeigt auf 6000 Quadratmetern liebevoll gestaltet die faszinierende Geschichte des mobilen Reisens. Zu

Oberschwäbisches Museumsdorf Kürnbach

Gut besuchtes Café in Wangen

bewundern sind 80 historische Fahrzeuge nicht nur aus eigener Produktion, sondern auch von anderen Firmen, wie etwa Sportberger.

»Schau da, die lustigen Figuren«, ruft freudestrahlend ein kleines Mädchen ihrer Mutter zu. Es tummelt sich mit anderen Kindern zwischen dem Hirten und der Schweinefamilie, die den Antonius-Brunnen in **Wangen im Allgäu** 8 zieren. Die lebensgroßen Bronzeskulpturen sollen an den Saumarkt erinnern, der früher an dieser Stelle am Südzipfel der Altstadt wöchentlich stattfand. Fantasievoll gestaltete Brunnen und eine jahrhundertealte Handelstradition gehören zu den herausragenden Besonderheiten der Stadt, die gern als das »Herz des Württembergischen Allgäus« bezeichnet wird. Wenngleich heute hier keine lebenden Tiere mehr angeboten werden, hat der bunte Wochenmarkt am Rathaus bei Einheimischen und Gästen nichts von seiner großen Anziehungskraft verloren. Er findet stets mittwochs statt – so, wie es Kaiser Ludwig 1330 per Dekret bestimmte.

Mitunter deutlich jünger sind die zahlreichen Brunnen, speziell die aus Bronze geformten, die alle aus den 1980er-Jahren stammen. Neben dem besagten Antonius-Brunnen sticht z. B. der Eselbrunnen ins Auge, der mit eindrucksvollen Motiven eine reizende Fabel erzählt: Sie handelt von Vater und Sohn, die auf dem Weg zum Markt unentwegt von Passanten mit Spott oder guten Ratschlägen überhäuft wurden. Manche machten Witze darüber, weil die beiden den mitgeführten Esel nicht als Reittier nutzten, andere empörten sich über dessen schweres Gepäck, worauf die gescholtenen Männer schließlich den Esel an einer Stange rücklings baumelnd in die Stadt trugen.

Am repräsentativen Marktplatz trifft man auf viele Baustile vergangener Epochen. So geht etwa der aus Findlingsbrocken gemauerte Turm der Sankt-Martins-Kirche auf die Stauferzeit zurück. Das Rathaus in der Mitte glänzt zwar mit einer vergleichsweise neuen Barockfassade, ist aber im Kern romanischen Ursprungs. Und gleich daneben steht das Hinderofenhaus, ein stark von der Renaissance geprägter ehemaliger Patrizierpalast.

Seit jeher kämpften die Wangener Bürger mit Hungersnöten, der Pest und verheerenden Feuersbrünsten. Jetzt widmen sie sich lieber den schönen Dingen – und alle Nicht-Wangener, Jung und Alt, sind eingeladen, diese aufzuspüren und in das wunderbare Ambiente mit vielen Straßencafés einzutauchen. Der neu angelegte Wohnmobilstellplatz mit Komfort-Sanitär bildet dafür eine gute Basis.

Wie man sieht, bietet die Region zwischen Alb und Allgäu für jeden Geschmack etwas – angefangen bei leckeren Weinbergschnecken.

Blühendes Oberschwaben

Camping- und Stellplätze

Stellplatz an den AlbThermen
Bäderstraße, 72574 Bad Urach,
Tel. 07125/943 20,
badurach-tourismus.de
GPS: 48.500740, 9.377250
26 Parzellen mit Ver- und Entsorgung am Ortsrand

Neu angelegter Platz in Wangen

Campingplatz Sigmaringen
Georg-Zimmerer-Straße 6,
72488 Sigmaringen,
Tel. 07571/504 11, outandback.de
GPS: 48.083656, 9.208361
Platz in guter Lage an der Donau und beim Donauradweg

Stellplatz am Kurpark
Am Kurpark, 88422 Bad Buchau,
Tel. 07582/80 81 80, bad-buchau.de
GPS: 48.068611, 9.606388
21 Plätze im Grünen am Ortsrand

Schussenrieder Wohnmobilstellplatz
Wilhelm-Schussen-Straße 12, 88427 Bad Schussenried,
Tel. 07583/404 11, schussenrieder.de
GPS: 48.002950, 9.659690
Großes geschottertes Gelände an einem Biergarten

Wohnmobilstellplatz Wangen
Südring, 88239 Wangen im Allgäu,
Tel. 07522/742 11, wangen-tourismus.de
GPS: 47.679444, 9.83250
Gepflastertes Areal mit sehr guten Einrichtungen in Zentrumsnähe

Chiemgau

Was kreucht und fleucht denn da?

Das Mündungsdelta der Tiroler Ache am Chiemsee ist eine faszinierende, artenreiche Naturlandschaft.

TOURENLÄNGE
126 Kilometer

START UND ZIEL
Von Wasserburg nach Schleching

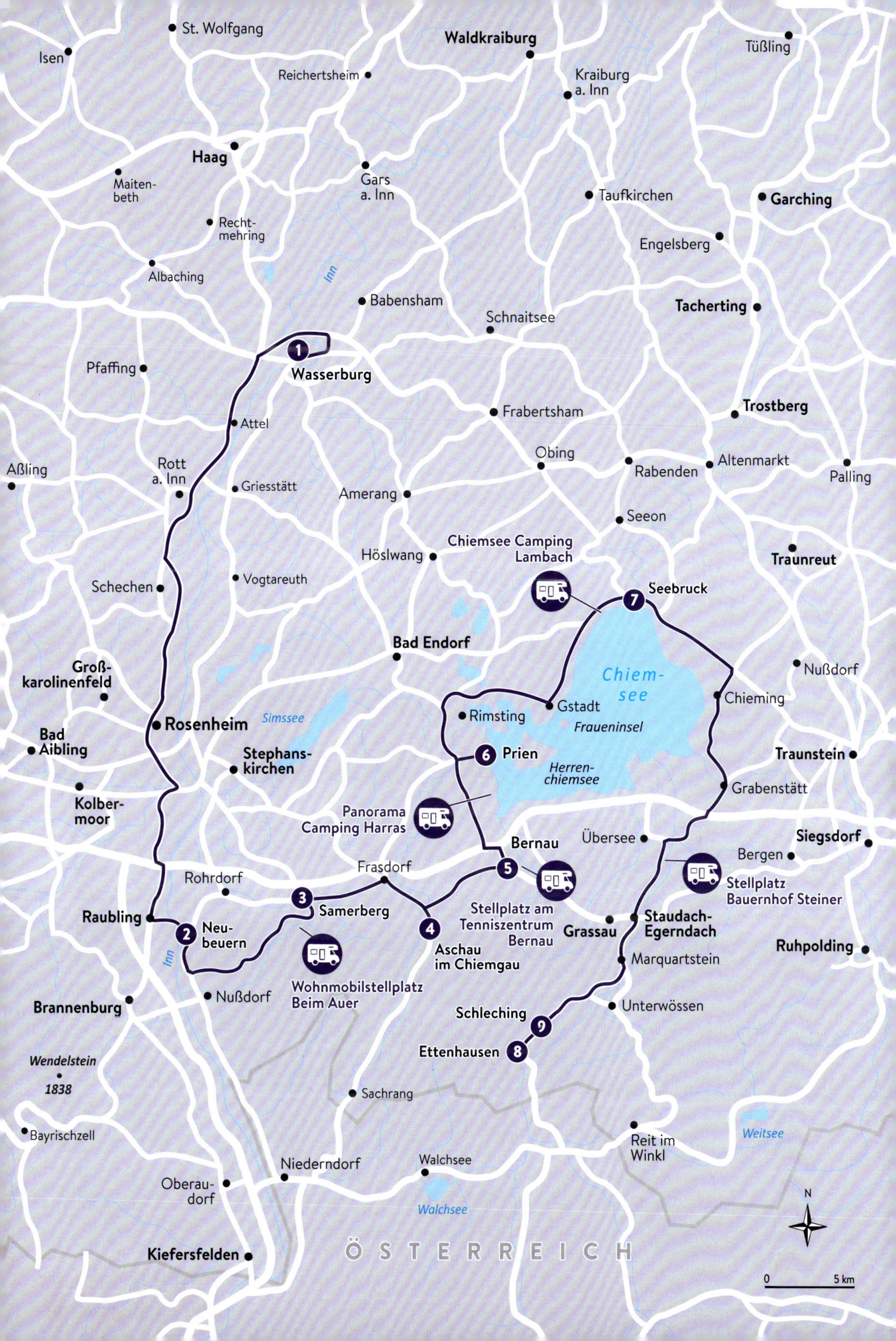

St. Wolfgang
Isen
Waldkraiburg
Tüßling
Reichertsheim
Kraiburg a. Inn
Haag
Maiten-beth
Gars a. Inn
Taufkirchen
Garching
Recht-mehring
Engelsberg
Albaching
Inn
Babensham
Tacherting
Schnaitsee
Pfaffing
Wasserburg
Frabertsham
Trostberg
Attel
Aßling
Rott a. Inn
Griesstätt
Obing
Rabenden
Altenmarkt
Palling
Amerang
Seeon
Chiemsee Camping Lambach
Höslwang
Traunreut
Schechen
Vogtareuth
Seebruck
Bad Endorf
Groß-karolinenfeld
Chiem-see
Nußdorf
Rimsting
Gstadt
Chieming
Rosenheim
Simssee
Fraueninsel
Bad Aibling
Stephans-kirchen
Prien
Traunstein
Herren-chiemsee
Kolber-moor
Grabenstätt
Panorama Camping Harras
Übersee
Siegsdorf
Bernau
Bergen
Frasdorf
Rohrdorf
Stellplatz Bauernhof Steiner
Samerberg
Stellplatz am Tenniszentrum Bernau
Raubling
Neu-beuern
Staudach-Egerndach
Grassau
Aschau im Chiemgau
Ruhpolding
Marquartstein
Wohnmobilstellplatz Beim Auer
Nußdorf
Brannenburg
Unterwössen
Schleching
Ettenhausen
Wendelstein 1838
Sachrang
Bayrischzell
Reit im Winkl
Weitsee
Niederndorf
Walchsee
Oberau-dorf
Walchsee
N
ÖSTERREICH
Kiefersfelden
0
5 km

15

Freizeitspaß in Südostbayern

Wassersport, Wandern und Fahrradfahren

Das Bayerische Meer, wie viele den Chiemsee nennen, ist ein Eldorado für Freizeitkapitäne. Doch auch Landratten lieben das Gewässer: Sie erkunden die naturbelassenen Uferauen z. B. auf dem Chiemsee-Radweg. Die Harmonie von Wasser und Bergen macht diese Region am Rand der Republik so einzigartig, die sich auch wunderbar mit dem Wohnmobil durchstreifen lässt.

Tag 1

ORIGINALE AUS DER BLÜTEZEIT

Auf einer Halbinsel, fest umschlungen vom Inn, erhebt sich die gut erhaltene Altstadt von **Wasserburg** ❶. Die Geschichte des Orts im nördlichen Chiemgau lässt sich bis ins 11. Jahrhundert zurückverfolgen. 1332 verlieh Kaiser Ludwig von Bayern der Stadt das Salzstapelrecht, was Handel und Schifffahrt enorm beflügelte. Die wirtschaftliche Bedeutung endete jedoch jäh, als Herzog Albrecht IV. dieses Privileg im Jahr

Arkadengang in Wasserburg

Tag 1		Tag 2		Tag 3		Tag 4	
❶ Wasserburg Km 0	❷ Neubeuern Km 38	❸ Samerberg Km 46	❹ Aschau im Chiemgau Km 60	❺ Bernau Km 66	❻ Prien Km 72	❼ Seebruck Km 89	❽ Ettenhausen Km 124

Stolzes Wasserburg am Inn

1504 widerrief. Da danach kein Geld mehr für Neues übrig war, blieben viele Gebäude aus der Blütezeit im Original erhalten. Einzig das »Kernhaus« erhielt später eine reich verzierte Rokokofassade, gestaltet vom Maler und Stuckateur Johann Baptist Zimmermann (1680–1758) aus Wessobrunn. Der lang gezogene Marienplatz besticht mit seiner anheimelnden Inn-Salzach-Architektur – bei diesem Baustil bilden mehrere Häuser durch Scheinfassaden vor dem Dach ein geschlossenes Ensemble. Ein besonders prächtiges Beispiel dafür ist das spätgotische Bürgerhaus in der Herrengasse 15, in dem das Museum Wasserburg untergebracht ist. Die Themen der Dauerausstellung sind u. a. Verkehr, Justiz und Strafvollzug sowie Möbel verschiedener Epochen, alte Musikinstrumente, die Vor- und Frühgeschichte der Region und das Zunftwesen (wasserburg.de).

LANDKUNST

Rabenden ist ein kleiner Ort an der alten Handelsstraße zwischen Wasserburg und Traunstein. Die Dorfkirche Sankt Jakob birgt einen sakralen Schatz: ein prächtiger, mit Bauernmotiven bemalter Hochaltar, den ein unbekannter Meister schuf.

Das malerische Erscheinungsbild der wenig bekannten Marktgemeinde **Neubeuern** 2 im Landkreis Rosenheim überrascht nicht nur uns, sondern auch andere Gäste, die sichtlich beeindruckt durchs Zentrum

Tag 5

9

Schleching
Km 126

Wanderparadies Hochries

streifen. Immerhin wurde der Ort im bayerischen Inntal 1981 zum schönsten Dorf Deutschlands gekürt. Der Marktplatz mit mittelalterlichem Torturm und alpenländischem Fassadenschmuck bilden den Kern. Erstmals im Jahr 788 erwähnt, verband damals Neubeuern eine Römerstraße mit Altenbeuern (»ad burones«); Teile von ihr sind noch heute sichtbar. Ende des 12. Jahrhunderts entstand die Burg, die Konrad von Wasserburg um 1235 zur größten Festung im Inntal ausbauen ließ, lag der Markt doch am Handelsweg zwischen München und Salzburg und an der Abzweigung zum Brenner. Der Österreichische Erbfolgekrieg im 18. Jahrhundert brachte Zerstörung und Niedergang. Das Schloss wurde zuletzt vom Münchner Architekten Gabriel von Seidl (1848–1913) im Stil der Neorenaissance neugestaltet. Die Prozessionsstangen der »Schiffleut Bruderschaft« in der Kirche Mariä Empfängnis am Markt zeugen von der ehemaligen großen Bedeutung der Innschifffahrt für diesen Ort.

Tag 2

HOCH OBEN AUF DER ALM

Traditionelle Speisen, wie z. B. Kaspressknödelsuppe, serviert in modernem Ambiente, sind das Markenzeichen der Hochrieshütte auf dem Hochries (1569 m) wenige Kilometer westlich von **Samerberg** 3. Von der Talstation zur Mittelstation der Hochriesbahn verkehrt ein Sessellift. Von dort führen ebene Wege etwa zum Schwarzsee oder zu den Almen Käseralm (bewirtschaftet) und Moserboden. Zum Gipfel geht es ab der Mittelstation entweder zu Fuß (rund 750 Hm), was eine gute Kondition voraussetzt, oder bequem mit der Kabinenbahn. Die beliebtesten Aufstiegsmöglichkeiten führen über Moserboden und die Seitenalmen oder über die Ebersberger Alm und das Riesenplateau – begleitet von überwältigenden Aussichten.

Wahrzeichen von **Aschau im Chiemgau** ❹ ist das mitten im Priental thronende mächtige Schloss Hohenaschau, erbaut im 12. Jahrhundert; es dient heute als Ferienheim. Über Ort und Tal ragt die 1669 Meter hohe Kampenwand. Ein Geheimtipp ist die Fahrt mit der Kampenwandseilbahn dort hinauf keineswegs, ebenso wenig wie danach die leichte Wanderung zur bewirtschafteten Steinlingalm und der steile Aufstieg auf den Kampenwand-Ostgipfel (1667 m), Geröll und Kletterstellen inklusive – denn dafür sind die Szenerien überall rund um den Berg viel zu schön, wie etwa die Aussicht auf das Schloss oder den Chiemsee. Dazu erblickt man in der Ferne bei klarer Sicht u. a. die Hohen Tauern, den Großglockner, das Kaisergebirge, die Loferer Steinberge und die Berchtesgadener Alpen. Hoch oben prangt das eiserne Chiemgaukreuz, mit zwölf Metern Höhe und fünf Tonnen Gewicht das größte Gipfelkreuz in den Bayerischen Alpen. Für den Abstieg wählen viele den fast genauso anspruchsvollen Maximiliansweg, der ebenfalls zur Steinlingalm zurückführt. Weniger bekannt ist die 550 Jahre alte Möslarnalm unterhalb der Bergstation mit ihren regionaltypischen Brotzeiten.

Tag 3

WARME BRISE

Der Chiemgau ist eine Ferienlandschaft, die viele Wohnmobilfahrer begeistert: mit seinen sanften Hügeln, den freundlichen Bauerndörfern mit barocker Prägung, dazu der Chiemsee mittendrin, das 80 Quadratkilometer große Freizeit- und Wassersportparadies, dem wir uns langsam über **Bernau** ❺ mit seinem schönen Stellplatz nähern. Segler schätzen u. a. den Föhnwind, der von Süden her über die Alpengipfel streicht. Stehpaddler lieben indes die stillen Momente, wenn gegen Abend der Wind nachlässt und sich die Uferbäume auf der Wasseroberfläche spiegeln. Vorbilder für

Schloss Hohenaschau

den Trendsport Stand-up-Paddling sind polynesische Fischer, die sich stehend in ihren Kanus fortbewegen. Neben einem guten Gleichgewichtssinn erfordert das Stehpaddeln lediglich ein paar leicht erlernbare Grundlagentechniken. Die Verleiher vor Ort bieten dafür Kurse an (sup-chiemsee.de).

Ohne eine Schifffahrt auf dem Chiemsee ist ein Chiemgau-Urlaub nicht vollständig. Nirgendwo lässt sich die Symbiose von Wasser und alpiner Bergwelt so stimmungsvoll bewundern wie auf einem der 14 Schiffe, die über das Bayerische Meer kreuzen. Besonders schön: eine Nostalgietour mit dem Schaufelraddampfer »Ludwig Fessler«, der für gewöhnlich mittwochs um 12 und um 15 Uhr von **Prien** ❻ aus startet; er lief 1926 als Salondampfer vom Stapel und wurde später liebevoll restauriert. Neben der großen Rundfahrt machen auch kürzere Strecken Spaß, z. B. die Überfahrt von Prien nach Herrenchiemsee, wo man das Königsschloss Ludwigs II. besuchen kann, das Versailles nachempfunden ist (chiemsee-schifffahrt.de).

Traumhafter Chiemsee

Lehrreich und spannend: eine Erlebnisbootsfahrt ab Prien mit der ehemaligen Hafenbarkasse »Birgit« zum Mündungsdelta der Tiroler Ache, geführt von ausgebildeten Natur-Guides und Biologen. Dieser Teil des Sees ist ein streng behütetes Naturschutzgebiet mit einzigartiger Flora und Fauna, in dem die Vögel ungestört brüten können. Jahr für Jahr lässt der Fluss in Form von angeschwemmten Sedimenten etwa einen Hektar Neuland entstehen. Es gibt eine Abgrenzung, bis zu der sich Wassersportler und Boote dem Delta nähern dürfen. Die Guides erzählen u. a. von der Entstehung und Entwicklung des Chiemsees von der letzten Eiszeit bis zu seinem vorausgesagten Verschwinden in etwa 5000 Jahren. Mit Netz und Binokular untersuchen wir selbst die Unterwasserwelt und staunen darüber, was darin alles herumwimmelt.

Wenn der letzte Dampfer abgefahren ist und alle Reisegruppen die Insel verlassen haben, kehrt Stille ein auf Frauenchiemsee, nur ein paar Enten watscheln noch durchs Gras. Das Eiland kann man bequem in einer Dreiviertelstunde umrunden. Im Garten des Klosters gießt eine Nonne das Gemüse, auf der Bank vor der Inseltöpferei döst gemütlich eine Katze. Jetzt ist die Zeit für echte Chiemsee-Romantiker gekommen: Im goldenen Abendlicht entfaltet sich der einzigartige Liebreiz des Chiemgaus. Dabei fallen einem die Worte Ludwig Thomas ein: »Der Chiemsee! Wenn ich die Augen schließe und sei es, wo immer, Wasser an Schiffsplanken plätschern höre, erwacht in mir die Erinnerung an Stunden, die ich im Kahn verträumte, den See rundum und den Himmel über mir.«

Tag 4

RADLFREUDEN FÜR ALLE

Nahezu alle lieben den gut beschilderten Chiemsee-Radweg, der auf 55 Kilometern Länge die vielfältigen Reize der Voralpen-

Rast an der Kampenwand-
Steinlingalm-Kapelle

landschaft offenbart. Er verläuft über kaum befahrene Straßen und Feldwege, und so manch schönes Plätzchen lädt unterwegs zum herrlich erfrischenden Bad im See ein. Der Weg passiert neun Ortschaften mit zahlreichen Einkehrmöglichkeiten auf einer Strecke, die für jedermann wirklich leicht zu bewältigen ist. Eine weitere Variante ist der zwei Kilometer längere Chiemsee-Rundweg mit ganz wenigen Anstiegen. Busse der Chiemsee-Ringlinie, die von Ende Mai bis Mitte Oktober verkehren, gewährleisten, dass die Radfreunde von vielen Stationen zum Ausgangspunkt bequem zurückkehren können.

Einmal quer durch den See fließend, mutiert die Tiroler Ache zum Fluss Alz. Dessen Lauf beginnt in **Seebruck** ❼ an der Nordspitze des Chiemsees. Bis Truchtlaching folgt ein etwa fünf Kilometer langer Abschnitt, den Kajakfahrer besonders schätzen – die Boote treiben fast von allein die Alz hinunter. Mieten kann man hochwertige Einer- und Zweier-Kajaks; zurück geht's dann mit Leihrädern (chiemsee-kaufmann.de).

Die Ausübung des Rafting-Sports setzt kein besonderes Talent voraus. Man muss lediglich den Kommandos des Bootsführers Folge leisten. »Vor, vor, vor!« bedeutet beispielsweise, die Taktfrequenz der Paddelschläge zu erhöhen, damit das Schlauchboot sicher durch die Stromschnellen der türkisfarbenen Tiroler Ache gleitet. Die Touren starten auf österreichischer Seite (sportlukas.de).

Den finalen Höhepunkt bildet die Fahrt durch das Entenloch. Diese schroffe Klamm wurde 1908 von drei auf zwölf Meter verbreitert, um die Arbeit der Flößer zu erleichtern. Der Sage nach überlebte eine Bäuerin einen Murenabgang in der Entenlochklamm, indem sie zu Maria betete – prompt spaltete sich ein herabstürzender Stein über ihr. Die an dieser Stelle errichtete Wallfahrtskirche Maria Klobenstein soll an das Wunder erinnern. Man erreicht sie und das Gasthaus Klobenstein auf dem wildromantischen Schmugglerweg, der in **Ettenhausen** ❽ beginnt (Gehzeit insgesamt ca. 2 Std.).

Tag 5

STRAMME WADEN

Zu guter Letzt bietet der Chiemgau Mountainbikern eine große Auswahl an Rundkursen, wie beispielsweise im benachbarten **Schleching** ❾ die 21,5 Kilometer lange Tour um die Gscheuerwand (855 Hm).

Westlich des zum Bergsteigerdorf gekürten Orts führt eine beliebte Strecke vom Dalsen-Wander-Parkplatz am Dalsenbach entlang zu den Dalsenalmen. Den Forstweg begleiten Wasserfälle, darunter der 15 Meter hohe Ochsensprung und die mehr als dreimal höheren Kaskaden des »Floderers« – von diesen berichtet die Legende, dass dort in der Gegend das »Florderermandl« lebt, ein grusliges Gespenst, das dafür berüchtigt ist, besonders den Kindern einen gehörigen Schrecken einzujagen. Nach einer Stärkung in der Vorderen Dalsenalm, z. B. bei hausgemachtem Frischkäse, nehmen wir die Rückkehr-Alternative über den Schattseitweg in Richtung Mühlau (mittelschwere Rundtour, ca. 10 km).

Camping Lambach am Nordufer

Camping- und Stellplätze

Wohnmobilstellplatz Beim Auer
Au 1, 83122 Samerberg,
Tel. 08032/968974, beim-auer.de
GPS: 47.765782, 12.221457
3 Plätze mit schöner Aussicht und Picknickbereich an einem Bauernhof

Stellplatz am Tenniszentrum Bernau
Buchenstraße 17,
83233 Bernau am Chiemsee,
Tel. 08051/8822,
tenniszentrum-bernau.de
GPS: 47.809444, 12.382222
40 Stellplätze mit Sanitäranlage bei einer Sportstätte mit Restaurant

Panorama Camping Harras
Harrasser Straße 135,
83209 Prien am Chiemsee,
Tel. 08051/904613, camping-harras.de
GPS: 47.840284, 12.373825
Schattiges Areal mit Restaurant direkt am See

Chiemsee Camping Lambach
Lambach 3, 83358 Seeon-Seebruck,
Tel. 08667/7889,
camping-am-chiemsee.de
GPS: 47.928209, 12.450963
Wiesengelände am Seeufer mit Biergarten und Bootssteg

Stellplatz Bauernhof Steiner
Almfischer 11, 83236 Übersee,
Tel. 08642/1383,
chiemsee-wohnmobile-steiner.de
GPS: 47.809444, 12.4913888
Großes gekiestes Gelände mit Bergblick (März–Nov.)

Stellplatz Steiner in Übersee

Die Tiroler Achen verspricht Abkühlung an einem heißen Sommertag.

UNSER NACHHALTIGKEITSKODEX

Die Welt birgt viele Wunder, Abenteuer und spektakuläre Aussichten, die wir gerne erkunden möchten. Doch sie ist auch leicht aus dem Gleichgewicht zu bringen. Hier ein paar Tipps, wie wir unsere Welt nachhaltig entdecken können:

- **Abfall wieder mitnehmen:** Plastikverpackungen jeglicher Art, Dosen, Flaschen und Papiertaschentücher (es dauert Jahre, bis sich ein einzelnes Taschentuch vollständig abgebaut hat!) gehören nicht in die Natur, sondern artgerecht entsorgt. Dazu zählen natürlich auch Toilettenpapier und der Inhalt von (Chemie-)Toiletten. Entsprechende Entsorgungsstationen finden sich überall.

- **Ressourcen gewissenhaft nutzen:** Manche Umweltressourcen sind bereits knapp, endlich sind auf jeden Fall alle. Um sie zu schonen, sollten wir sparsam mit ihnen umgehen, gerade in Gegenden, in denen zum Beispiel Wasser oder Strom nicht im Überfluss vorhanden sind.

- **Ein guter Gast sein:** Nachhaltig unsere Umgebung zu erkunden bedeutet auch, der hiesigen Flora und Fauna mit Respekt zu begegnen. Pflanzen sollten auf keinen Fall gepflückt werden, aber sie stehen uns bestimmt gerne Modell für das eine oder andere Foto. Das Gleiche gilt für wilde Tiere: Wir füttern sie nicht, halten Abstand und beobachten sie aus der Ferne.

- **Lokal kaufen:** Dadurch lernen wir nicht nur Land und Leute besser kennen und unterstützen die regionale Wirtschaft, sondern können auch so unsere Campingküche mit frischen Produkten nachhaltig gestalten.

- **Flexibel bleiben:** Camper sind keine Rudeltiere. Wir schonen die Natur auch, indem wir einen Ort nicht geballt belasten. Einen tollen Stellplatz entdeckt? Wir behalten es für uns und teilen ihn am besten nicht mit der Öffentlichkeit. Übrigens gibt es inzwischen vielerorts auch nachhaltige Campingplätze.

- **Umweltbewusst fahren:** Reisen mit dem Auto oder Womo sind grundsätzlich umweltfreundlicher als mit dem Flugzeug, dennoch können wir noch mehr tun und zum Beispiel den Kraftstoffverbrauch minimieren, indem wir vorausschauend fahren, so wenig Last wie möglich mit uns führen und die Umgebung vor Ort mit dem Fahrrad oder zu Fuß erkunden.

- **Nur dort parken und campen, wo es erlaubt ist:** Selbst wenn wir uns noch so vorbildlich verhalten und unseren Aufenthaltsort so hinterlassen, wie wir ihn vorgefunden haben, stören wir den Lebensraum von Wildtieren und hinterlassen Spuren und Gerüche. Auch Lagerfeuer entzünden wir ausschließlich an den dafür vorgesehenen Stellen und achten dabei auf Waldbrandstufen und Naturschutzgebiete.

So wie wir die Umwelt respektieren, wollen wir auch unseren Mitmenschen und deren Kultur Respekt entgegenbringen, gerade im Hinblick auf deren Traditionen, Religion oder typische Gebräuche. So kann ein Lächeln Berge versetzen!

REGISTER

IMPRESSUM

DER AUTOR

Thomas Cernak ist freier Journalist und Fotograf. Er ist Mitglied in der Vereinigung deutscher Reisejournalisten e. V. (VDRJ). Der überzeugte Wohnmobilfahrer arbeitet für promobil und CARAVANING sowie für weitere Magazine. 2008 führte ihn die »Camp-Challenge« in 80 Tagen um die Welt.

Exklusiv für Sie als Leser:

MIT GPS-DATEN ZUM DOWNLOAD

unter: gps.bruckmann.de

Verantwortlich: Tabea Rheinert, Kerstin Thiele
Lektorat: Anette Späth
Layout: Eva-Maria Klaffenböck
Repro: LUDWIG:media
Kartografie: Huber Kartografie
Herstellung: Alexander Knoll
Printed in Türkiye by Elma Basin

Sind Sie mit diesem Titel zufrieden? Dann würden wir uns über Ihre Weiterempfehlung freuen. Erzählen Sie es im Freundeskreis, berichten Sie Ihrem Buchhändler, oder bewerten Sie beim Onlinekauf. Und wenn Sie Kritik, Korrekturen, Aktualisierungen haben, freuen wir uns über Ihre Nachricht an Bruckmann Verlag, Postfach 40 02 09, D-80702 München oder per E-Mail an lektorat@verlagshaus.de.

Unser komplettes Programm finden Sie unter

www.bruckmann.de

In diesem Buch wird aus Gründen der besseren Lesbarkeit das generische Maskulinum verwendet. Weibliche und anderweitige Geschlechteridentitäten werden dabei ausdrücklich mitgemeint, soweit es für die Aussage erforderlich ist.

Bildnachweis
Alle Bilder im Innenteil und auf den Umschlagseiten stammen vom Autor.
Umschlagvorderseite: Schloss Lichtenstein über Honau © Julian/stock.adobe.com
Umschlagrückseite: Wohnmobilidylle bei Wertheim im Taubertal

Die Deutsche Nationalbibliothek verzeichnet diese Publikation in der Deutschen Nationalbibliografie; detaillierte bibliografische Daten sind im Internet über http://dnb.d-nb.de abrufbar.

ISBN 978-3-7343-3053-7

Bonn
Remagen
BELGIEN
Koblenz
Fulda
Cochem
Mosel
Bernkastel-Kues
Trier
LUXEMBURG
Steinau an der Straße
Frankfurt am Main
Wiesbaden
Mainz
Bingen am Rhein
Bad Sobernheim
Bad Kreuznach
Rhein
Aschaffenburg
Rothenbuch
Gemünden am Main
Obernburg a. Main
Main
Stadtprozelten
Würzb
Wertheim
Kloster Bronnbach
Miltenberg
Walldürn-Gottersdorf
Otzenhausen
Weiskirchen
Bostalsee
Perl
St. Wendel
Saarbrücken
Völklingen
Kaiserslautern
Ludwigshafen
Mannheim
Erbach
Eberstadt
Ladenburg
Heidelberg
Mosbach
Neckarmühlbach
Bad Wimpfen
Neckarsulm
Öhringen
Langenb
Waldenburg
Schwäbisch Hall
Waldfischbach-Burgalben
Sankt Martin
Ramberg
Landau
Speyer
Rechtenbach
Eppingen
Bönnigheim
Karlsruhe
Ölbronn
Stuttgart
Bad Wildbad im Schwarzw.
Allerheiligen
FRANKREICH
Offenburg
Freudenstadt
Dornstetten
Wolfach
Bad Urach
Honau
Münsingen-Rietheim
Ulm
Donau
Triberg im Schwarzw.
St. Georgen
Sigmaringen
Meßkirch
Bad Schussenried
Ravensburg
Wangen
Konstanz
Bodensee
Lindau
SCHWEIZ
LIECHTENSTEIN
1 Untermosel und Mittelmosel – Land des Weines, Land der Burgen
2 Saarland – Unterschätztes Bundesland
3 Nahetal und Nordpfälzer Bergland – Sieh, das Gute liegt so nah
4 Südliches Rheinland-Pfalz – Mehr als weinselige Romantik
5 Bergstraße und Odenwald – Eine Ode an den Wald
6 Unteres Neckartal – Auf den Spuren Mark Twains
7 Churfranken – Die Freuden der Langsamkeit
8 Spessart und Taubertal – Im Reich der Märchen
9 Oberfranken – Heimat herausragender Künstler
10 Kraichgau – Land der 1000 Hügel
11 Hohenloher Land – Auf die ruhige Tour
12 Ilztal und Dreiburgenland – Unterwegs im grünen Tal
13 Schwarzwald – Lichte Höhen, dunkler Tann
14 Schwäbische Alb und Oberschwaben – Alb-Allgäu-Erlebnistour
15 Chiemgau – Freizeitspaß in Südostbayern